ANDRZEJ MOSZCZYŃSKI jest autorem 23 książek, 34 wykładów oraz 3 kursów. Pasjonuje go zdobywanie wiedzy z obszaru psychologii osobowości i psychologii pozytywnej.

Ponad 700 razy wystąpił jako prelegent podczas seminariów, konferencji czy kongresów mających charakter społeczny i charytatywny.

Regularnie się dokształca i korzysta ze szkoleń takich organizacji edukacyjnych jak: Harvard Business Review, Ernst & Young, Gallup Institute, PwC.

Jego zainteresowania obejmują następujące tematy: potencjał człowieka, poczucie własnej wartości, szczęście, kluczowe cechy osobowości, w tym między innymi odwaga, wytrwałość, wnikliwość, entuzjazm, wiara w siebie, realizm. Obszar jego zainteresowań stanowią również umiejętności wspierające bycie zadowolonym człowiekiem, między innymi: uczenie się, wyznaczanie celów, planowanie, asertywność, podejmowanie decyzji, inicjatywa, priorytety. Zajmuje się też czynnikami wpływającymi na dobre relacje między ludźmi (należą do nich np. miłość, motywacja, pozytywna postawa, wewnętrzny spokój, zaufanie, mądrość).

Od ponad 30 lat jest przedsiębiorcą. W latach dziewięćdziesiątych był przez dziesięć lat prezesem spółki działającej w branży reklamowej i obejmującej zasięgiem cały kraj. Od 2005 r. do 2015 r. był prezesem spółki inwestycyjnej, która komercjalizowała biurowce, hotele, osiedla mieszkaniowe, galerie handlowe.

W latach 2009-2018 był akcjonariuszem strategicznym oraz przewodniczącym rady nadzorczej fabryki urządzeń okrętowych Expom SA. W 2014 r. utworzył w USA spółkę wydawniczą. Od 2019 r. skupia się przede wszystkim na jej rozwoju.

Inaczej o dobrym i mądrym życiu to książka o umiejętności stosowania strategii osiągania wartościowych celów. Autor opisuje 22 aspekty, które prowadzą do bycia mądrym. W jakim znaczeniu mądrym?

Mądry człowiek jest skupiony na działaniu ukierunkowanym na podnoszenie jakości życia, zarówno swojego, jak i innych. O tym jest ta książka: o byciu szczęśliwym, o poznaniu siebie, by zajmować się tym, w czym mamy największy potencjał, o rozwinięciu poczucia własnej wartości, które jest podstawowym czynnikiem utrzymywania dobrych relacji z samym sobą i innymi ludźmi, o byciu odważnym, wytrwałym, wnikliwym, entuzjastycznym, posiadającym optymalną wiarę w siebie, a także o byciu realistą.

Mądrość to umiejętność czynienia tego, co szlachetne. Z takiego podejścia rodzą się następujące czyny: nie osądzamy, jesteśmy tolerancyjni, życzliwi, pokorni, skromni, umiejący przebaczać. Mądry człowiek to osoba asertywna, wyznaczająca sobie pozytywne cele, ustalająca priorytety, planująca swoje działania, podejmująca decyzje i przyjmująca za nie odpowiedzialność. Mądrość to też zaufanie do siebie i innych, bycie zmotywowanym i posiadającym jasne wartości nadrzędne (do których najczęściej należą: miłość, szczęście, dobro, prawda, wolność).

Autor książki opisuje proces budowania mentalności bycia mądrym. Wszechobecna indoktrynacja jest przeszkodą na tej drodze. Jeśli jakaś grupa nie uczy tolerancji, przekazuje fałszywy obraz bycia zadowolonym człowiekiem, to czy można mówić o uczeniu się mądrości? Zdaniem autora potrzebujemy mądrości niemal jak powietrza czy czystej wody. W tej książce będziesz wielokrotnie zachęcany do bycia mądrym, co w rezultacie prowadzi też do bycia szczęśliwym i spełnionym.

Szczegóły dostępne na stronie:
www.andrewmoszczynski.com

Andrzej Moszczyński

Inaczej o poczuciu własnej wartości

2021

© Andrzej Moszczyński, 2021

Korekta oraz skład i łamanie:
Wydawnictwo Online
www.wydawnictwo-online.pl

Projekt okładki:
Mateusz Rossowiecki

Wydanie I

ISBN 978-83-65873-06-4

Wydawca:

ANDREW MOSZCZYNSKI
I N S T I T U T E

Andrew Moszczynski Institute LLC
1521 Concord Pike STE 303
Wilmington, DE 19803, USA
www.andrewmoszczynski.com

Licencja na Polskę:
Andrew Moszczynski Group sp. z o.o.
ul. Grunwaldzka 472
80-309 Gdańsk
www.andrewmoszczynskigroup.com

Licencję wyłączną na Polskę ma Andrew Moszczynski Group sp. z o.o. Objęta jest nią cała działalność wydawnicza i szkoleniowa Andrew Moszczynski Institute. Bez pisemnego zezwolenia Andrew Moszczynski Group sp. z o.o. zabrania się kopiowania i rozpowszechniania w jakiejkolwiek formie tekstów, elementów graficznych, materiałów szkoleniowych oraz autorskich pomysłów sygnowanych znakiem firmowym Andrew Moszczynski Group.

*Ukochanej Żonie
Marioli*

SPIS TREŚCI

Wstęp	9
Rozdział 1. Istota poczucia własnej wartości	13
Rozdział 2. Wszystko zaczyna się w dzieciństwie	23
Rozdział 3. Kluczowe obszary poczucia własnej wartości	35
Rozdział 4. Sposoby budowania poczucia własnej wartości	45
Rozdział 5. Poczucie własnej wartości wystawione na próbę	63
Refleksje końcowe	67
Co możesz zapamiętać?	73
Bibliografia	75

O autorze	91
Opinie o książce	97
Dodatek. Cytaty, które pomagały autorowi napisać tę książkę	101

Wstęp

Poczucie własnej wartości nie jest czymś stałym. Zmienia się w ciągu naszego życia. Na obraz naszej osoby wpływają doświadczenia w różnych sferach: osobistej, zawodowej, rodzinnej. Niekiedy obraz ten diametralnie zmieniają wydarzenia, w których uczestniczymy. Polska noblistka Wisława Szymborska w jednym ze swych utworów napisała: „Tyle wiemy o sobie, ile nas sprawdzono".

Nietrudno wygłaszać okrągłe zdania o tym, co byśmy zrobili w jakiejś sytuacji, póki się w niej nie znajdziemy. Bohaterka cytowanego wiersza, Ludwika Wawrzyńska, uratowała kilkoro dzieci z pożaru – sama w nim zginęła. Czy zachowalibyśmy się podobnie?

Czy narazilibyśmy swoje życie dla ratowania innego człowieka? Łatwo odpowiedzieć: „Tak, oczywiście!". Trudniej to zrobić. Dopóki życie nas nie sprawdzi, nie będziemy wiedzieć, jak postąpimy. A jeśli stchórzymy? Jeśli ugną się pod nami nogi, a strach przed śmiercią czy kalectwem nie pozwoli na właściwą reakcję? Czy będziemy potrafili zachować w nienaruszonym stanie poczucie własnej wartości? Raczej nie! Prawdopodobnie osłabnie ono przynajmniej na jakiś czas.

Rozważmy teraz inną sytuację. Jeśli po wielu niepowodzeniach zawodowych znajdziemy pracę, w której wyraźnie objawi się (i zostanie doceniona!) nasza kreatywność, solidność, zaangażowanie lub jakakolwiek inna cecha, czy poczucie własnej wartości nie podskoczy do góry jak temperatura w tropikach? Jestem przekonany, że tak!

Niekiedy taka zmiana okaże się trwała, a niekiedy tylko chwilowa. Dlatego warto rozwijać poczucie własnej wartości i poszukać dla niego mocnego fundamentu. Zapewni nam to bowiem coś, co jest nie do przecenienia – stabilność obrazu samego siebie. Dzięki temu nie będzie się on zmieniał pod wpływem pojedynczego zdarzenia kilka razy w ciągu tygodnia, miesiąca czy roku. Nie będzie zależny od nastroju lub błahego powodu: dodatkowego kilograma wagi, pobrudzonej sukienki, drobnego konfliktu w pracy czy w domu, czyjejś krytyki lub błędów, które przecież popełnia każdy.

Rozdział 1

Istota poczucia własnej wartości

Skąd bierze się to, że otaczający nas ludzie mają tak różne poczucie własnej wartości bez związku z zestawem cech, jakie u nich obserwujemy? Na jednym biegunie są osoby zbyt pewne siebie, przekonane o swojej wyjątkowości i nadzwyczajności, a na drugim ludzie, którzy wątpią, czy ich życie i oni sami mają jakąkolwiek wartość. Czy zastanawiałeś się kiedyś, dlaczego tak jest?

Każdy z nas ma w swoim umyśle obraz idealnego siebie. To taki zbiór oczekiwań wobec własnej osoby. Są one ogromne! Czego się po sobie spodziewamy? Czego od siebie oczekujemy? Niestety wielu z nas oczekuje od siebie wzorowych zachowań we wszystkich życiowych sytuacjach! Tak jakbyśmy w każdym momencie życia chcieli zasłużyć na świadectwo z czerwonym paskiem.

Co to oznacza? Ciągłe wymagania. Jako pracownicy wymagamy od siebie nieustającej chęci do pracy. Nie ma w nas przyzwolenia na pomyłki, błędy, niedyspozycje. Umysł powinien bez przerwy tryskać pomysłami – jeden ma być lepszy od drugiego, a każdy z aplauzem przyjmowany przez przełożonych i współpracowników! Jako rodzice chcemy być zawsze mili i uśmiechnięci, tworzyć w domu atmosferę zrozumienia, perfekcyjnie komunikować się z dziećmi, rozwiązywać konflikty spokojnie i skutecznie, pokazywać potomstwu tylko wypoczętą i zadowoloną twarz, cierpliwie wytrzymywać nieznośne zachowania i umieć na wszystko znaleźć radę. Jako małżonkowie chcemy spełnić oczekiwania drugiej strony, zawsze być niezawodni, wielkoduszni i pełni miłości. Do tego uważamy, że powinniśmy mieć same zalety, a jeśli nawet mamy jakieś wady, to nie wolno nam dopuścić, by kiedykolwiek się ujawniły.

Piękny obrazek, prawda, tyle że… daleki, często bardzo daleki od tego, co obserwujemy na co dzień. Zdarza się przecież, i to nierzadko, że wstajemy w humorze – delikatnie mówiąc – średnim, co się odbija na rodzinie. Potem siedzimy przy biurku (lub przy maszynie) i nic nam się nie chce. Czas pracy wydaje się nie mieć końca, a podsumowanie całodziennych działań wypada bardzo blado. Wracamy do domu, a małżonek i dziecko zamiast cieszyć – budzą nasze zniecierpliwienie. I my, tacy wspaniali, tacy idealni chcemy już tylko jednego – żeby wszyscy dali nam święty spokój. A jeśli wszyscy zgodnie z życzeniem dadzą nam święty spokój?… Na co wykorzystamy ten czas?… Na nic! Nawet nie odpoczniemy!

Zestawmy teraz ideał z rzeczywistością. Dysonans aż kłuje w oczy, prawda?! A właśnie w obszarze tego dysonansu kształtuje się to, co nazywamy poczuciem własnej wartości. Obszar dysonansu powinien być średni (właściwa ocena): ani zbyt duży (niedocenianie siebie), ani zbyt mały (przecenianie własnej osoby).

Możemy mieć do czynienia z trzema sytuacjami:
– zawyżoną samooceną;
– zaniżoną samooceną;
– optymalną (zrównoważoną) samooceną.

O samoocenie zawyżonej mówimy, jeśli ktoś w ogóle lub prawie w ogóle nie odczuwa dysonansu między własną osobowością a wyobrażeniem o niej. Taka osoba bardzo mocno wierzy w to, że jest wyłącznie zbiorem zalet. Nie tylko postrzega siebie jako „naj", ale robi wszystko, żeby inni też tak o niej myśleli. Chce, żeby było wyraźnie widać, że we wszystkich sferach życia jest bardziej wartościowa od innych. Jest przekonana, że wszystko rozumie i potrafi lepiej. Uważa się za autorytet w każdej dziedzinie. Podejmuje się nawet tego, do czego zdecydowanie nie ma kompetencji, bo wierzy, że i tak zrobi to doskonale. Lekceważy innych, jest arogancka, wywyższa się. Cechuje ją pycha, próżność, brak życzliwości i bezinteresowności. Zupełnie nie zwraca uwagi na potrzeby innych ludzi. Zachowuje się egoistycznie i nonszalancko. Niekiedy temu zachowaniu towarzyszy gadżetomania. Chętnie kupuje wszystko, co markowe. Prezentuje nowy nabytek tak, by każdy widział, że rzecz pochodzi z najwyższej półki, i ją... podziwiał. Niekiedy zawyżone poczucie wartości przyjmuje formy bliskie absurdu. W jednej z firm pracowała kiedyś główna księgowa, która chcąc pokazać swoją wyższość nad innymi pracownikami (włącznie z dyrektorami wysokiego szczebla), wywiesiła w pomieszczeniu socjalnym tabliczkę informującą, że wszyscy muszą myć po sobie filiżanki poza... prezesem i główną księgową, czyli nią samą. Odniosło to skutek daleki od zamierzonego. Zamiast zdobyć większy szacunek, okryła się śmiesznością.

Samoocenę zaniżoną mają ci, u których obszar dysonansu jest zbyt duży. Nieraz wcale nie dostrzegają oni swoich zalet. Uważają, że niczym szczególnym się nie wyróżniają i niczego nie potrafią zrobić dobrze. Zwykle boją się zająć czymś nowym w obawie, że ich brak kompetencji i wszystkie wady od razu wyjdą na jaw. Nie zabierają głosu w towarzystwie, bo sądzą, że nie mają nic ciekawego do powiedzenia, więc nikt nie będzie ich słuchał. Nie zgłaszają swoich pomysłów w pracy, z góry zakładając, że są bez wartości i inni je wyśmieją. To najczęstsze objawy.

U ludzi z samooceną zaniżoną można jednak zaobserwować także zachowania przeciwne, dokładnie takie, jak u osób z zawyżonym poczuciem własnej wartości, czyli postawę charakteryzującą się agresją, zarozumialstwem i brakiem życzliwości. To forma mechanizmu obronnego. Tego typu zachowanie przez chwilę pozwala poczuć się lepszym, ukryć swoją słabość i małość. Osoby takie chcą za wszelką cenę wzbudzać podziw lub strach, albo jedno i drugie, dlatego zachowują się arogancko i agresywnie. Czują się słabe, więc posługują się prymitywną demonstracją siły oraz nadmiernie wykorzystują swoją pozycję w pracy i w domu. Paradoksalnie, powoduje to dalsze obniżenie ich samooceny. Jeszcze bardziej odchodzą od wyobrażonego ideału, a więc zwiększają obszar dysonansu. Zaczynają siebie nie lubić i utrwalają w sobie przekonanie, że nie zasługują na nic dobrego. Chowają się za kolejne gardy i nasilają niewłaściwe działania.

Ludzie z niską samooceną mają skłonność do rozpamiętywania wszystkiego, co złe, i koncentrowania się na porażkach. Porażki są dla nich dowodem, że są gorsi i słabsi od innych, oraz doskonałym pretekstem do tego, by nie podejmować żadnych prób zmian. Co ciekawe, mimo niskiej samooceny nie doceniają innych, raczej im zazdroszczą. Czują się pokrzywdzeni przez los. Mają pretensję do świata i zrzucają winę na wszystko dookoła za swoje niepowodzenia.

Samoocena optymalna (zrównoważona) opiera się na realistycznej, pozytywnej opinii o sobie samym. To najbardziej wartościowy typ samooceny. Obszar dysonansu jest w tym przypadku średni. Ani tak mały, żeby popaść w samouwielbienie, ani tak duży, by całkowicie negować swoją wartość.

Osoby z samooceną zrównoważoną mają przeważnie dobre samopoczucie. Zauważają w sobie wiele pozytywnych cech i potrafią budować na nich kolejne etapy życia. Łatwiej im osiągnąć szczęście, a życzliwość wobec świata (który wtedy nie przedstawia się jako wroga konkurencja) jest zupełnie naturalna. Życzliwości tej towarzyszy przekonanie, że wszyscy ludzie są równi i w takim samym stopniu zasługują na szacunek. Osoba optymalnie oceniająca swoją wartość ceni siebie i własne działania bez względu na to, czy zakończyły się sukcesem, czy porażką. Cieszy się z powodzenia i nie załamuje się błędami, bo wyciąga z nich naukę na przyszłość. Do kolejnych wyzwań rusza z nową energią i entuzjazmem.

W tym miejscu warto jeszcze wspomnieć o ogromnym wpływie samooceny na związki uczuciowe. Obniżone poczucie własnej wartości nie pozwala cieszyć się miłością i znalezieniem partnera życiowego. Człowiek, który nie wierzy we własną wartość, podświadomie jest przekonany, że nie zasługuje na miłość, albo ma wrażenie, że ten, kogo obdarzył miłością, oszukuje go, zapewniając o swoich uczuciach. Bez przerwy więc sprawdza, czy partner go kocha, stawia warunki, nie ustaje w wymaganiach. Zamyka obiekt swoich uczuć w klatce, której pręty zrobione są z wiecznego niezadowolenia, i stale zmniejsza obszar swobody. Tak jakby chciał udowodnić, że ma rację! Że trafił na partnera, który go wcześniej czy później opuści. To zresztą zwykle następuje. Partner nękany bezpodstawnymi zarzutami, osaczony i stykający się z wiecznym niezadowoleniem w końcu ma dosyć, nie wytrzymuje i zrywa związek. Poczucie własnej wartości człowieka opuszczonego staje się jeszcze niższe. Zwłaszcza że w tym, co się stało, nie widzi swojej winy.

Ciekawie to zjawisko opisała Susan Forward w książce *Szantaż emocjonalny*[1]. Bardzo polecam tą książkę.

Zbyt wysokie poczucie własnej wartości także nie pozwala naprawdę kochać. Ludzie o przesadnie wysokiej samoocenie często wybierają swoich partnerów spośród osób o słabszej konstrukcji psychicznej. Nie potrafią docenić bliskiej osoby. Nie dbają o nią. Mało tego! Nie biorą w ogóle pod uwagę, że „druga połówka jabłka" ma jakieś potrzeby. Zresztą nie tyle chcą miłości, ile ciągłego zachwytu nad sobą. Małżonek to dla nich lustro, które w każdej chwili można zapy-

---

[1] S. Forward, D. Frazier, *Szantaż emocjonalny. Jak się obronić przed manipulacją i wykorzystaniem*, Gdańskie Wydawnictwo Psychologiczne, 2017.

tać słowami baśni: „Lustereczko, powiedz przecie, kto jest najpiękniejszy (najprzystojniejszy, najwspanialszy, najmądrzejszy…) w świecie?". I słyszą: „Ty, oczywiście, że Ty!". Karmią się tym podziwem, nawet jeśli jest bezpodstawny. Jednak z czasem to już nie wystarcza, potrzebują nowych doznań, nowych zachwytów, nowego lustereczka. I… odchodzą. Póki nie zmienią swojej postawy, nie mają szansy na prawdziwy, oparty na partnerstwie związek.

W miłości, podobnie jak w sferze zawodowej, najlepsze okazuje się optymalne, czyli zrównoważone poczucie własnej wartości. Wtedy obie strony związku mają możliwość rozwijać się indywidualnie. Odnoszą się do siebie z życzliwością i wzajemnie mogą liczyć na zrozumienie. Nie ma mowy o lęku przed odrzuceniem. Jeśli taki związek się rozpada (co zdarza się rzadko), to zwykle partnerzy pozostają w przyjaźni. Czy rozpoznajesz siebie w którymś typie związku? Jak zachowujesz się wobec osób, które kochasz?

☼

Rozdział 2

Wszystko zaczyna się w dzieciństwie

Właściwie możemy tak powiedzieć o niemal każdym elemencie naszego życia. Szczególnie jednak dotyczy to poczucia własnej wartości. Mówi się, że dziecko, w które nikt nie wierzy, samo nigdy w siebie nie uwierzy i wyrośnie z niego dorosły, który także w siebie nie wierzy. I choć nie jest to do końca prawda, bo przy dużej samoświadomości i ogromnej pracy nad sobą można to zmienić, zaburzenia samooceny są najczęściej efektem wychowania. Poczucia niższości trudno się pozbyć w dorosłym życiu.

W poprzednim rozdziale pisałem o idealnym obrazie własnej osoby, który każdy z nas ma w swojej głowie. Skąd ten ideał się wziął? Największą rolę w jego tworzeniu odgrywają:

środowisko, w jakim dorastamy, i oczekiwania tych, którzy nas otaczają.

  Czy w dzieciństwie nie zdarzyło Ci się wrócić do domu ze szkoły z oceną bardzo dobrą i usłyszeć: „Czemu nie szóstka? Nie mogłeś napisać (odpowiedzieć) lepiej?". Jeśli takie zachowania rodziców się powtarzają, to młody człowiek utrwala w sobie myśl: „Powinienem dostać szóstkę. Każdy stopień poniżej szóstki jest zły". A przecież szkoła to nie jedyny obszar podlegający ocenie! Synowie i córki bardzo często słyszą, że coś zrobili nie tak. Nie tak się zachowali, nie tak sprzątnęli pokój, nie tak narysowali obrazek, nie tak zabierają się do naprawy czegoś itd. Dziecko czuje, że nie jest w stanie sprostać wszystkim wymaganiom. Nawet jeśli odnosi sukcesy w jakichś dziedzinach, rodzice nigdy nie są z niego w pełni zadowoleni! „Drugie miejsce? Nie mogło być pierwsze?", „Grasz w teatrzyku szkolnym? Czemu nie główną rolę?", „Zostałeś wybrany do samorządu? Nie chcieli Cię na przewodniczącego?". I tak w kółko. W takich warunkach trudno czuć się ważnym i wartościowym.

Mały człowiek zaczyna mieć wrażenie, że jego wartość zależy od rozmaitych czynników zewnętrznych, na przykład od wyglądu, umiejętności czy osiągnięć. Jeśli rodzice przyjęli taki styl wychowania, dziecko koncentruje się na próbach sprostania wszystkim wymogom otoczenia. Chce zasłużyć na pochwałę wymagających rodziców, której tak bardzo potrzebuje. Utrwala w sobie przekonanie, że na wszystko musi zasłużyć i ciężko zapracować, nawet na miłość, i... że człowieczeństwo samo w sobie nie jest nic warte.

To może całkowicie zniszczyć poczucie własnej wartości młodego człowieka. Tak jak wcześniej chciał zasłużyć na pochwałę rodziców, tak później chce być chwalony przez innych ludzi: nauczycieli, szefów, partnerów. Całą energię skupia na tym, by sprostać czyimś wymaganiom. Odczuwa strach, że jego pomysły nie znajdą uznania, więc ogranicza naturalną kreatywność. Rezultatem jest jeszcze większy brak pewności siebie oraz kłopoty z nawiązywaniem zdrowych relacji z innymi. Pozwala się ranić.

Wiele rzeczy robi wbrew sobie, by zadowolić innych, by zasłużyć na miłość i szacunek, których raczej nie zdobędzie. Ludzie nie szanują bowiem osób całkowicie im podporządkowanych, godzących się na wszystko. Zbytnia uległość i chęć przypodobania się za wszelką cenę odbiera atrakcyjność i zniechęca potencjalnych partnerów, więc osoby uległe rzadko osiągają satysfakcję zawodową, rzadko także tworzą udany związek, którego tak bardzo pragną. Przeżywają ogromny zawód, chociaż z reguły tego nie okazują. Ból, rozczarowanie i zniechęcenie życiem kryją pod maską agresji, ironii lub obojętności. Poniżają innych lub całkowicie wycofują się z kontaktów z ludźmi.

Rodzice świadomi tych zagrożeń nie mają łatwego zadania. Nie wystarczy dziecka ciągle chwalić. Pochwały w nadmiarze szkodzą tak samo jak ich brak. Mogą spowodować przechylenie się szali w drugą stronę. Wtedy wychowanie przyczyni się do nadmiernego, niczym niemotywowanego wzrostu poczucia własnej wartości. W zderzeniu z życiem może to przynieść równie fatalne skutki. Trzeba się wykazać dużym wyczuciem i – co też nie jest proste – dobrą znajomością psychiki własnego potomka.

Pierwsze i najważniejsze, to mierzyć osiągnięcia dziecka jego miarą i stąd czerpać powody do pochwał! Co to znaczy? Wyobraźmy sobie taką sytuację: Kilkuletnie dziecko podbiega z kartką, żeby pochwalić się rysunkiem. Obrazek przedstawia domek z ogródkiem w słoneczny dzień. Niebo zielone, trawa fioletowa, słońce jednocześnie z gwiazdami, kwiaty większe od domu. Obiektywnie rzecz biorąc, rysunek daleki od realizmu. Maluch jest z niego bardzo dumny. Mamy dwa wyjścia: pochwalić rysunek, doceniając wyobraźnię („Ładny rysunek. Bardzo oryginalny. Jakie wesołe kolory! Taki wielki kwiat! Sam go wymyśliłeś, czy gdzieś widziałeś?") albo zrobić uwagę na temat „nieprawdziwości" przedstawionego świata („Narysowałeś źle, niebo musi być niebieskie, trawa zielona. Jak rysujesz słońce, nie możesz dodawać gwiazd. Kwiaty to jakieś mutanty, nie mogą być większe od domu!").

Wyobraźmy sobie teraz, co dzieje się w umyśle dziecka w każdej z tych sytuacji. W pierwszej wzmacniamy radość, dziecko szczęśliwe i radosne pobiegnie do swoich zajęć, być może z entuzjazmem stworzy nowy rysunek. Będzie spokojne, bezpieczne i zadowolone. W drugiej dysonans między zadowoleniem dziecka twórcy a reakcją krytykującego rodzica będzie tak duży, że zachwieje poczuciem wartości małego człowieka. Dyskomfort spowoduje, że radość uleci jak powietrze z nakłutego balonika, a dziecko odejdzie zniechęcone. Raczej nie zajmie się tego dnia rysowaniem, być może już nigdy nie będzie tego robiło z przyjemnością. Wykluje się w nim myśl: „Nie robię tego dobrze". Później może się ona przerodzić w o wiele groźniejsze i smutniejsze przekonanie: „Niczego nie robię dobrze".

No, tak. Ktoś może w tym miejscu zapytać, jak postąpić, jeśli dziecko zrobi coś, czego nie można pochwalić. Chwalić mimo to? Udać, że się niczego nie zauważyło? Przemilczeć? Żadne z tych wyjść nie jest dobre. Spróbujmy zastanowić się nad tym.

Wyobraźmy sobie taką sytuację: Syn wraca ze szkoły z oceną niedostateczną za brak zadania domowego. Poprzedniego dnia pytaliśmy, czy odrobił lekcje. Zajęty czymś innym odpowiedział, że zaraz. A potem... pewnie zapomniał albo liczył na to, że nauczyciel nie będzie sprawdzał pracy domowej. Co możemy zrobić? Najgorszą reakcją będzie złość: „Ty nigdy nie potrafisz o niczym pamiętać. Zawsze to samo. Nigdy nie nauczysz się odpowiedzialności. Jak można być takim bezmyślnym..." itp. Przyjrzyjmy się dobrze tym słowom. One nie odnoszą się do sytuacji, wyłącznie generalizują. „Nigdy", „zawsze" to nie są dobre słowa. Jakie będą lepsze? Może: „Przykro mi, że tak się stało. Szkoda, że wczoraj nie zrobiłeś tego od razu, jak Ci przypomniałem. Czy możesz to poprawić?".

Zwróć uwagę, że mimo zaistniałej sytuacji ta druga wypowiedź nie jest pozbawiona szacunku do człowieka, pierwsza natomiast tak.

Nawet jeśli zdecydujemy się na ostrzejszą wypowiedź i krytykę, powinna ona dotyczyć jedynie konkretnego zdarzenia. Każdy chce być dobry i chwalony. Jeśli więc powiemy: „Nie podoba mi się Twoje zachowanie. Przypominałem, ale nie wziąłeś tego pod uwagę. No i masz efekt", dodajmy: „Czy nie lepiej było dwa dni temu? Najpierw odrobiłeś lekcje i miałeś je z głowy. Potem dopiero zająłeś się zabawą i nie musiałeś już o nich pamiętać". Jeśli się odwołujemy do zdarzeń wcześniejszych, to wyłącznie do pozytywnych. Pilnujmy też, by podkreślać, że zdarzenie oceniamy negatywnie, natomiast syna czy córkę jako człowieka – nie.

Nie wspominam tu o wyzwiskach, bo zakładam, że albo nigdy nie miałeś tego typu wyrażeń w swoim słowniku, albo dawno je z niego wyrzuciłeś. Obraźliwe słowa ranią na długo. Nie tworzą pola do dyskusji. Nie sposób się z nimi pogodzić ani ich zapomnieć. Używanie wyzwisk i poniżających stwierdzeń w stosunku do dziecka nie przynosi dobrego efektu. Wzmacnia w nim strach, agresję i zniechęcenie, a przede wszystkim demotywuje i zabija poczucie własnej wartości!

Dobrą metodą na kształtowanie u dzieci optymalnego poczucia własnej wartości jest wytyczanie granic i wyznaczanie obowiązków dostosowanych do ich wieku, a także wspieranie w realizacji celów.

Wytyczanie granic polega na jasnym stawianiu wymagań. Dziecko powinno znać ramy akceptacji jego zachowań. Ramy te powinny się poszerzać wraz z rozwojem i wiekiem dziecka, zapewniać mu poczucie bezpieczeństwa, ale i dawać wolność rozumianą jako prawo do decydowania o sobie. Pewne granice oczywiście pozostaną, bo będą je wyznaczać wartości nadrzędne.

Ważne jest przydzielanie dziecku obowiązków i uczenie szacunku dla wszystkich domowników. Nie może być tak, żeby całe funkcjonowanie domu było skoncentrowane na dziecku i spełnianiu jego życzeń. Każdy powinien mieć obowiązki wynikające z przynależności do rodziny. Wszyscy powinni się wzajemnie troszczyć o siebie, darzyć miłością i szacunkiem oraz dzielić pracą konieczną do sprawnego działania gospodarstwa domowego. Dlatego też nie można odcinać dziecka od prac domowych. Co może robić? Najpierw podlewać kwiaty, wycierać kurze, potem wykonywać także inne czynności. Dobrze, żeby początkowo było to wspólne działanie. Dzieci lubią wiele rzeczy robić razem z rodzicami, lubią ich towarzystwo. Rodzice powinni to wykorzystać. W ten sposób nie tylko zbudują rodzicielski autorytet, lecz także trwałą więź z dzieckiem. To istotna wartość, jednak cenniejsze w tym jest coś innego. Dziecko zaczyna rozumieć, że jego praca może być dla kogoś ważna. Pochwały (nawet jeśli początkowo efekt nie będzie w pełni zadowalający) staną się dowodem, że potrafi coś zrobić dobrze. W przyszłości przeniesie to przekonanie na inne czynności w życiu.

Sposób wychowania rzutuje na całe dorosłe życie człowieka. Dziecko, podobnie jak człowiek dorosły, powinno mieć też jakieś cele. Nieraz próbuje je sobie wyznaczyć, ale nie zauważamy tego. Mówi na przykład: „Zbuduję z klocków wieżę do samego sufitu". I co słyszy? „Nie buduj takiej wysokiej, bo na pewno się przewróci. Poza tym nie masz tylu klocków". Czy takie słowa zachęcają do działania? Jeśli dziecko snuje różnego typu plany, starajmy się go nakierować na szukanie rozwiązań (na szukanie, a nie na konkretne rozwiązanie) i nie utrącajmy jego pomysłów na samym początku, choćby wydawały się nam absurdalne. Czy loty człowieka w kosmos zawsze uważane były za możliwe do realizacji?... Niech mu będzie wolno myśleć, mylić się i dochodzić do celu w wybrany przez siebie sposób. Jeśli go nie osiągnie, pomóżmy mu porażkę potraktować jak zwyczajny błąd i naukę. Nie pozwólmy, by zniechęciła je do kreatywności i obniżyła poczucie własnej wartości.

Jeśli otworzymy przed dzieckiem nowe horyzonty i nauczymy je mądrego, bo opartego na wartościach nadrzędnych, korzystania z wolnego wyboru, będzie miało dużą szansę na spełnione i szczęśliwe życie, a to jest celem każdego rodzica.

Jeśli nie jesteś rodzicem i jeszcze sporo czasu minie, zanim zajmiesz się budową własnego gniazda, może po przeczytaniu tego rozdziału pomyślisz: „No, tak. Jestem taki… (niepewny siebie, mało kreatywny, bez celu w życiu…), bo rodzice swoim postępowaniem tak mnie ukształtowali. Nie mogę więc niczego od siebie wymagać. Gdyby oni byli inni (mądrzejsi, lepsi, bardziej wymagający, bardziej pobłażliwi), wtedy…". Mylisz się! To niezupełnie tak wygląda! Nie pisałem o tym, byś szukał usprawiedliwienia ani żeby zaczął w Tobie narastać żal do rodziców i chęć zrzucenia na nich winy za brak optymalnego poczucia własnej wartości.

Bez względu na to, na ile identyfikujesz się z treścią tego rozdziału, pamiętaj, że w większości rodzin i matka, i ojciec mają na uwadze troskę o dziecko oraz zapewnienie mu dobrej przyszłości. Różnie im to wychodzi, ale większość z nas wiele zawdzięcza rodzicom. O resztę każdy powinien zadbać sam!

Rozdział 3

Kluczowe obszary poczucia własnej wartości

Poprzedni rozdział wskazuje na ogromną rolę pozytywnego wychowania w rozwoju poczucia własnej wartości każdego człowieka. Wielu z nas pewnie przyszły na myśl różne zdania, które słyszeliśmy we własnym dzieciństwie: „Czy Ty nigdy nie możesz po sobie sprzątnąć?", „Czy Ty zawsze musisz się w coś wpakować?", a może nawet: „Głupi jesteś i nic nie rozumiesz", „Jesteś za mały, by ze mną dyskutować". Jak już pisałem, to, że w ten sposób nas wychowywano, nie oznacza jeszcze, że poczucie własnej wartości nie jest możliwe do osiągnięcia. Pamiętajmy, że działania większości rodziców mają na celu dobro dziecka. Rodzice, karcąc nas i krytykując, chcieli dobrze. Jako dorośli jeszcze sporo możemy zrobić dla poczucia własnej wartości, chociaż nie jest to łatwe. Ważne, byśmy działali racjonalnie i planowo.

Działanie powinno obejmować trzy kluczowe obszary: **samoświadomości, akceptacji siebie** i **pozytywnego myślenia**.

Samoświadomość jest pierwszym warunkiem uzyskania optymalnego poczucia własnej wartości. W którymś momencie życia każdego z nas, u jednych wcześniej, u innych później, pojawia się chęć zmiany, takiej planowej, bez czekania na cud i gwiazdkę z nieba, bez liczenia w tej sprawie na innych. Często pierwsza refleksja to właśnie pytania: „Co mogę zrobić? Co potrafię zrobić? Od czego zacząć?". Nieznajomość własnego „ja" skazuje człowieka na bezrefleksyjne, bezmyślne życie, które może charakteryzować brak szczęścia, brak spełnienia i brak szacunku dla samego siebie. Dzięki samoświadomości potrafimy działać skuteczniej i bardziej racjonalnie. Przyjmujemy odpowiedzialność za swoje życie. Nie dość tego, zaczynamy dostrzegać, że naprawdę mamy na nie wpływ. Jeśli wiesz, kim jesteś i czego chcesz, łatwiej ustalić Ci wartości nadrzędne i podporządkować im cele życiowe, a potem skutecznie dążyć do ich osiągnięcia przy wykorzystaniu wszelkich posiadanych atutów.

A co zrobić ze świadomością własnych niedoskonałości? Przyjąć je naturalnie. Na niedoskonałości są dwa sposoby. Pracujmy nad tymi, które powinniśmy zwalczyć, żeby mieć dobre relacje z ludźmi i móc dotrzeć do celu. Z pozostałymi warto się po prostu pogodzić.

I tu przechodzimy do drugiego ważnego obszaru, który ma duży wpływ na poczucie własnej wartości. Jest to akceptacja siebie. Nie ma ona nic wspólnego z niezdrowym narcyzmem ani manią wielkości. Akceptacja siebie oznacza wiarę w to, że jest się człowiekiem kompletnym. Zaczynamy mieć świadomość własnych zalet, ale dostrzegamy i tolerujemy wady. Jednocześnie stajemy się bardziej wyrozumiali dla innych. Nie wartościujemy ludzi. W różnorodności dostrzegamy dobre strony. Dzięki niej możemy się uzupełniać jako społeczeństwo i działać skutecznie na różnych polach.

Zacznijmy od akceptacji własnego wyglądu. Obecnie ludzie przywiązują zbyt wielką wagę do tak zwanego ideału urody. Istnieje jakiś kanon, wymyślony przez studia mody, wymagający na przykład od kobiet niezwykłej chudości, odpowiednich proporcji ciała, braku zmarszczek, określonego kształtu twarzy, wielkości nosa, bieli zębów i nie wiadomo czego jeszcze. W utrwaleniu tego nierealistycznego wizerunku pomagają reklamy. Tam wszyscy są piękni, proporcjonalni, bez zmarszczek! Tylko tam, bo... to produkt programów graficznych. Jak to się robi?

Przepisy znajdziesz w Internecie. Każdy, kto popatrzy na taki „ideał", dochodzi do wniosku, że wiele mu do niego brakuje, bo jest: za niski, za wysoki, za gruby, ma za duże dłonie, garbaty nos, worki pod oczami... Można wymieniać w nieskończoność. To pożywka dla rozmaitych firm poprawiających urodę. Lepiej sobie powiedzieć: „Mam prawo być, jaki jestem". Dopiero jeśli to nie pomaga, kompleksy są bardzo głębokie, a defekt odbija się na relacjach społecznych, warto poradzić się specjalisty. Na początek dobrego psychologa.

Dbałość o zdrowie jest kolejnym przejawem akceptacji siebie. Organizm to niezwykła fabryka. Produkuje wszystko, czego potrzebujemy, więc starajmy się, by działała bez zarzutu. Jeśli nie będziemy potrafili zadbać o zdrowie fizyczne, nie będziemy też w stanie zatroszczyć się o psychikę.

Jak zatroszczyć się o psychikę? Bardzo istotne jest poznanie cech swojego charakteru i umysłu, a potem stała obserwacja własnych reakcji. Czy próbowałeś kiedyś przyjrzeć się bez cenzury myślom, odczuciom i emocjom? Czy zdajesz sobie sprawę, jak przeżywasz kolejne doświadczenia? Co sprawia Ci przykrość, a co radość? O czym marzysz? To ważne! Zbyt często zachowujemy się tak, by nikogo nie urazić, by spełnić czyjeś oczekiwania. Niekiedy nawet sami nie wiemy, czego chcemy, bo nigdy nie dopuściliśmy, by nasze pragnienia skonkretyzowały się w naszym umyśle. A mamy do nich prawo. Mamy prawo marzyć. Mamy prawo mieć własne przekonania. Ta świadomość bardzo wzmacnia poczucie własnej wartości.

Stąd już prosta droga do trzeciego obszaru pracy nad samooceną: pozytywnego myślenia. Pozytywne myślenie nie rodzi się samo z siebie. Nie możemy oczekiwać, że nagle z umysłu znikną wszystkie pesymistyczne przewidywania, a na ich miejsce wskoczą pozytywne myśli. Samo to się nie stanie, ale… my możemy to spowodować.

Pozytywne myślenie jest rezultatem pielęgnowania pewnego nawyku. Chodzi o przyjmowanie do naszych umysłów takiej wiedzy, którą można nazwać dobrym pokarmem intelektualnym.

Osobiście wybieram książki z dziedziny inspiracji (dokonań człowieka, odkryć, możliwości naszego mózgu), ale też książki historyczne które pokazują prawdę na przeróżne tematy.

Przekonałem się że pozytywne nastawienie do życia rodzi zaufanie do innych. A William James odkrył, że to podstawa dobrych kontaktów z innymi. Szukając w ludziach tego, co w nich najlepsze, z pewnością to odnajdziesz.

W tej trzypoziomowej analizie bardzo przydaje się prowadzenie dialogu wewnętrznego. Starajmy się być przyjaciółmi również dla siebie. Prawdziwymi! Czy takie skupienie na sobie może prowadzić do samouwielbienia? Wyzwolić pokłady egoizmu lub egocentryzmu i doprowadzić do niedostrzegania potrzeb innych ludzi? Czy wzmacniając poczucie własnej wartości, możemy przesadzić w drugą stronę i nadmiernie zajmować się sobą? Jeśli stawiasz sobie tego typu pytania, takie niebezpieczeństwo Ci nie grozi. Pełna akceptacja siebie na wszystkich poziomach nie ma nic wspólnego z niezdrową narcystyczną fascynacją swoją osobą. Jest to zrównoważone podejście, które pozwala dostrzec zarówno własne zalety, jak i wady. Któż jest od nich wolny?!

Mocno wierzę, że samoakceptacja daje dystans do własnych błędów, ale pozwala też na uświadomienie sobie, że błędy innych są tak samo nieuniknione. Dzięki takiemu myśleniu stosunek do ludzi może się zmienić na lepsze.

Z tego, co napisałem, łatwo wywnioskujesz, że ogromną rolę w pielęgnowaniu poczucia własnej wartości odgrywają słowa. Mają ogromną moc. Potrafią inspirować, ale też ranić, a nawet wywoływać wojny. Przekonania wyrażamy głównie poprzez słowa (oprócz nich mamy do dyspozycji jeszcze mowę ciała). Słowami także myślimy. Czy zdajesz sobie sprawę z tego, jak silną bronią dysponujemy? Odpowiednim doborem słów możemy motywować, budzić wiarę i optymizm, podsycać nadzieję. Możemy też niszczyć i zniechęcać. Dlatego wcześniej radziłem Ci przeanalizować słowa, jakie wypowiadasz do własnych dzieci, a teraz chcę Cię zachęcić do tego, żebyś analizował je zawsze, bez względu na to, czy kierujesz je do dzieci, innych dorosłych, czy do siebie samego. Słowem możesz ranić również siebie. I będą to rany nieporównanie głębsze i trudniejsze do zagojenia niż odniesione fizycznie.

Czy widzisz różnicę między myśleniem o sobie w sposób generalizujący a myśleniem odnoszącym się do konkretnego wydarzenia? Jeśli mówisz: „Jestem leniwy", „Wszystko robię źle", „Nikt mnie nie lubi", nie dajesz sobie możliwości zmiany sytuacji. Skoro jesteś, jaki jesteś, to nic nie może się zmienić. Czy w takim przypadku zdobędziesz się na znalezienie w sobie motywacji i siły do samorozwoju? Raczej nie.

Szukaj wyjść, nie chowaj się za niekorzystnymi słowami i zwrotami. Staraj się myśleć o sobie pozytywnie. Unikaj też stwierdzeń typu: „Wydaje mi się…", na przykład: „Wydaje mi się, że mogę podjąć się tego zadania".

To wzbudza nieufność, nie tylko w rozmówcy, ale też we własnym umyśle. Takie zdania wyrażają zwątpienie. Wydaje Ci się?… Nie jesteś pewny?… Czyli co?… Przewidujesz porażkę?… Wykreśl takie podteksty zarówno ze swoich wypowiedzi, jak i z myśli.

Rozdział 4

Sposoby budowania poczucia własnej wartości

Wskazałem już obszary, nad którymi warto pracować, by ustawić poczucie własnej wartości na poziomie umożliwiającym skuteczne działanie. Zwróciłem uwagę na wpływ słów na naszą osobowość. Odpowiednio sformułowane myśli i wypowiedzenia mogą sprawić, że uwierzymy w swoją wartość, która nie zależy od czynników zewnętrznych. Są one, co prawda, raz bardziej, raz mniej sprzyjające, ale tworzą tylko nasze otoczenie. My jesteśmy osobnym bytem, wartościowym samym w sobie. Żyjemy, mamy jakieś umiejętności, cele, uczucia, okazujemy emocje – to powoduje, że jesteśmy nieprzeciętni, jedyni w swoim rodzaju, ale… ani gorsi, ani lepsi od innych.

Co jeszcze możesz zrobić dla zwiększenia poczucia własnej wartości? Mógłbym to zawrzeć w dwóch zdaniach: „Polub siebie i innych", „Pracuj z radością". Zdaję sobie jednak sprawę, że to bardzo ogólne stwierdzenia. Co oznacza na przykład polubienie siebie? Moim zdaniem, człowiek, który lubi siebie, czuje się dobrze we własnym towarzystwie. Czy to znaczy, że dobrze czuje się wyłącznie, gdy jest sam? Nie, dobre czucie się samemu ze sobą niewiele ma wspólnego z samotnością. Taki człowiek nie odczuwa samotności, nawet gdy przez długi czas jest pozbawiony towarzystwa. Nie wierzysz? Zobacz, ilu ludzi ma pracę, która wymaga wielogodzinnego przebywania w odosobnieniu: pisarze, malarze, tłumacze, redaktorzy... Czy oni są samotni? Jeśli lubią siebie, nie! Myślą nad czymś, realizują projekty zawodowe i dążą do doskonałości w tym, co robią. Zwykle dzielą czas między pracę a rodzinę i przyjaciół. Czerpią radość z osiągnięć, nawet jeżeli mierzą je jedynie stopniem swego zadowolenia.

Możesz powiedzieć: „No, dobrze, ale ja nie jestem pisarzem ani malarzem, nie jestem nawet samotnym podróżnikiem". Nie szkodzi. Oto kilka prostych rad, które pomogą Ci poczuć się dobrze we własnej skórze:

Zaakceptuj swój wygląd! Akceptacja wyglądu to jeden z istotnych elementów budowania poczucia własnej wartości. Co czujesz, gdy pomyślisz o swoim wyglądzie? Pełne zadowolenie, niedosyt czy konsternację? Tu za mało, tam za dużo, fałda, zmarszczka, koloryt skóry, kształt nosa, uszy? Co Ci się nie podoba? Tylko niektóre elementy czy wszystko? Nie spotkałem jeszcze człowieka w pełni zadowolonego ze swojego wyglądu. Ale… znam wielu ludzi, którzy swój wygląd po prostu akceptują. Akceptacja nie równa się aprobacie. Aprobata znaczyłaby: podobam się sobie, podobają mi się wszystkie elementy mojego ciała. To trudne, a może nawet niemożliwe. Znacznie łatwiej o akceptację. Mogą mi się nie podobać moje uszy i zęby, ale akceptuję, że są właśnie takie. Nie będę w nich szukał powodu własnych niepowodzeń. Niedoskonałości ciała można przyjąć jak inne elementy natury: góry, rzeki, jeziora. Wszystko po prostu ma jakiś kształt. Nasze ciało też. Nie ma czegoś takiego jak obiektywna brzydota. Ideał ludzkiej figury i piękna twarzy nie został ustalony raz na zawsze. Niemal każde pokolenie i każda cywilizacja tworzy swój. Jeśli chodzi o ideał sylwetki kobiecej, starożytni Egipcjanie na przykład uznawali za piękność kobietę smukłą, o wąskich biodrach, długim nosie i doskonale wygolonej głowie (Nefretete). W antycznej Grecji i Rzymie ideałem była kobieta o nieco atletycznej budowie ciała (wizerunki Afrodyty lub Wenus). W średniowieczu podziwiano bladą cerę i niemal chorobliwą szczupłość, a w baroku pełne kształty i okrągłe twarze. Nasze czasy znów przyniosły modę na szczupłe sylwetki (Twiggy), co powodowało, że wiele kobiet (nie tylko modelek) zapadało na anoreksję. Teraz wydaje się to zmieniać.

Każdy ma prawo być, jaki jest! Nie musisz operacjami plastycznymi dostosowywać się do wzoru. Jedyne, co warto zrobić, to zwyczajnie zadbać o siebie. Zatroszcz się o włosy i paznokcie. Ubieraj się czysto i ze smakiem w każdej sytuacji – to, że któregoś dnia nigdzie nie wychodzisz, nie zwalnia Cię z zadbania o estetyczny wygląd. Znajdź swój indywidualny styl, a gdy już to zrobisz, nie zmieniaj go tylko dlatego, że ktoś uzna Twój ubiór za nieodpowiedni. Podążanie za modą za wszelką cenę pozbawione jest racjonalności. Przecież zmienia się ona co sezon.

Czy warto wydawać pieniądze na tak złudną wartość? Dlaczego złudną? Modne ubranie rzuca się w oczy, ale… czy chcemy być oceniani przez pryzmat rzeczy? Czy zależy nam na tym, żeby inni utrzymywali z nami kontakt, dlatego że się dobrze ubieramy? Może lepiej zainwestować w swoje wnętrze, cechy charakteru, wiedzę i umiejętności? Nie zauważyłem, żeby ktoś, kto to zrobił, kiedykolwiek żałował swojej decyzji.

I jeszcze jedna ważna rzecz. Codziennie witaj się z sobą przyjaźnie. Pierwsze poranne spojrzenie w lustro każdemu z nas pokazuje podpuchniętą, trochę szarą twarz i zmierzwione włosy. Spójrz na siebie w tym wydaniu i uśmiechnij się. Na początek możesz spróbować poszukać w swoim odbiciu jednego elementu wyglądającego lepiej niż inne. Zobaczysz, że od razu spodobasz się sobie bardziej. Powiedz coś miłego do swego lustrzanego odbicia, w końcu jesteś w łazience i nikt poza Tobą tego nie usłyszy. Co powiedzieć? Na przykład: „Cześć, życzę Ci miłego dnia!" albo „Cześć, lubię Cię!". Możesz wymyślić cokolwiek innego, ale zadbaj, by były to słowa budujące i pozytywne. Mogą być zabawne, koniecznie jednak sympatyczne i przyjazne. Jeśli będziesz je powtarzał codziennie, wykształcisz w sobie nawyk rozpoczynania dnia z uśmiechem, co jest tak samo ważne jak śniadanie.

Pracuj z wyczuciem nad mową ciała! Tyle się o niej teraz mówi. Jest ważna, ale ingeruj w nią ostrożnie. Ciało powinno odzwierciedlać nasze przekonania. Nieszczerość przekazu będzie bardzo czytelna dla rozmówcy. Lepiej więc nie stosować sztucznych gestów (udawanie dobrze wychodzi tylko aktorom). Raczej pamiętajmy o postawie, nośmy głowę wysoko (nie mylmy tego z zadzieraniem głowy), prostujmy plecy, uśmiechajmy się pogodnie i patrzmy rozmówcy prosto w oczy.

Miejmy świadomość znaczenia poszczególnych gestów. Jednak zamiast ćwiczyć odpowiednie trzymanie rąk, starajmy się zmieniać własne emocje. Co to znaczy? Jeśli w jakiejś sytuacji czujemy się na pozycji gorszej niż rozmówca (przykładem może być spotkanie w sprawie pracy, na której nam bardzo zależy), pamiętajmy, by się nie garbić i nie zwieszać rąk, ale osiągnijmy to przede wszystkim zmianą nastawienia. Spróbujmy (na przykład przez afirmację) utwierdzić się w przekonaniu, że nadajemy się do tej pracy. Wyobraźmy sobie naszych hipotetycznych rozmówców jako zwykłych ludzi, którzy kiedyś byli w tej samej sytuacji, co my teraz.

Kształć się, zdobywaj nową wiedzę i umiejętności! Poczucie własnej wartości wzmacnia zdobywana wiedza. Nie kończ edukacji na nauce szkolnej. W czasach niezwykle szybkiego postępu we wszystkich dziedzinach warto uczyć się przez całe życie. Zapytasz: „Jak to? Za sobą mam szkołę średnią i studia, zdobyłem zawód i muszę się dalej kształcić? Po co?". Nauka zapewni Ci utrzymanie poczucia wartości na optymalnym poziomie. A jeśli zostaniesz ekspertem w jakiejś dziedzinie, nie będziesz musiał zabiegać o pracę. Tak wynika z moich obserwacji.

Ludzie potrzebują ekspertów, a więc kogoś, kto wie więcej, kto jest znany z dbałości o szczegóły, komu można zaufać.

Bezpieczeństwo zatrudnienia i świadomość niezbędności w społeczeństwie mocno podnosi samoocenę. Jak się kształcić? Można wybrać różne formy: samokształcenie (czyli samodzielne zdobywanie nowych informacji i umiejętności), kształcenie instytucjonalne (kursy i szkolenia, ale dobre jakościowo!) oraz staże (możesz zwyczajnie umówić się z kimś, kto jest dla Ciebie autorytetem, żeby pozwolił Ci przez jakiś czas przypatrywać się jego pracy). Ucz się też od młodszych i starszych kolegów i koleżanek. Jeśli skończyli studia 10, 15 lub 20 lat później niż Ty (albo 10, 15, 20 lat wcześniej niż Ty), mają inną wiedzę. Warto się z nią zaznajomić.

Więcej o tym, jak się uczyć, będziesz mógł przeczytać w trzeciej części serii.

Nie porównuj się z innymi! Przede wszystkim nie stosuj porównań wartościujących: „Ta jest zdolniejsza, a tamten lepszy ode mnie". Stąd równia pochyła prowadzi do stwierdzenia: „Jestem gorszy od innych", a potem: „Jestem najgorszy ze wszystkich". Lepiej oceniać swoje własne postępy. Codziennie zdobywamy większe doświadczenie, codziennie czegoś się uczymy, nawet mimowolnie. To już daje powód do budowania dobrego zdania o sobie. Porównujmy siebie z dzisiaj do siebie z wczoraj. A nie siebie do kolegi czy koleżanki. To ślepa uliczka!

Zawsze znajdzie się ktoś, kogo uznamy za mądrzejszego lub ładniejszego. Będzie tak, bo osoba, o której pomyślimy, jest po prostu inna. Może ma cechy, które sami bardzo chcielibyśmy mieć. Jeśli mamy na przykład kompleks zbyt głęboko osadzonych oczu, naszą uwagę będą przykuwać czyjeś piękne, duże oczy, a zupełnie nie będziemy zauważać zbyt krótkiej szyi. Jeśli doskwiera nam brak pomysłowości, zauważymy kreatywność, ale nie dostrzeżemy niesłowności i bałaganiarstwa u tej samej osoby.

Doceniaj zalety innych, lecz szanuj także swoje. Pamiętaj, że to, co potrafisz i sobą reprezentujesz, tylko Tobie wydaje się zwyczajne. Dla wielu jest nieprzeciętne i godne podziwu.

Wyznaczaj realistyczne cele i staraj się dążyć do ich osiągnięcia! To zagadnienie będziemy podejmować wielokrotnie. Często zdarza się nam myśleć wyłącznie życzeniowo, a więc: „Chciałbym wygrać na loterii i pojechać do Australii". To tylko życzenia, nie cele. Równie dobre jak: „Chciałbym w ciągu kilku sekund znaleźć się na Księżycu" czy „Chciałbym mieć 20 lat mniej". Jeśli czegoś pragniesz, niech to będzie realistyczne i sformułowane w postaci celu, a nie zachcianki.

Stawianie celów jest umiejętnością. Można ją wykształcić, choć wymaga to wysiłku i przyjęcia odpowiedzialności za samego siebie. Warto byś się na to odważył! Wówczas będziesz miał szansę zrealizować marzenia.

Przykładaj się do pracy, ale nie wpadnij w pułapkę perfekcjonizmu! Ważne jest podejście do pracy. Żeby była efektywna, powinna Ci sprawiać przyjemność. Nie poprzestawaj na tym, za co Ci płacą, ale staraj się zrobić więcej. Wykazuj się inicjatywą. Nie wymagaj jednak od siebie niemożliwego, czyli bezwzględnej perfekcji we wszystkim. Perfekcjonizm jest szkodliwy nie tylko w przypadku, gdy inni go oczekują, lecz także, gdy sami wymagamy od siebie zbyt wiele. Perfekcjonista uważa, że zawsze wszystko można zrobić lepiej, szybciej, dokładniej… Nie da się go zadowolić. Próby sprostania przesadnym wymaganiom (własnym czy cudzym) prowadzą jedynie do frustracji. Twórca perfekcjonizmu etycznego, Arystoteles, nie nawoływał do zadręczania się brakiem możliwości osiągnięcia ideału, ale zalecał dążenie do niego systematyczną pracą nad sobą, codziennym doskonaleniem własnej osobowości. I w tym widział szczęście człowieka. Czy wydaje Ci się to słuszne?

Nie jesteś, ale też nie musisz być nieomylny. Pracuj z oddaniem, jednak toleruj (choć naprawiaj) własne błędy. Trzymaj się kierunku, ale wybaczaj sobie drobne odchylenia od kursu. Każdy ma prawo do pomyłek i niezbyt szczęśliwych decyzji.

Nie zniechęcaj się krytyką! Powszechnie się sądzi, że krytyka to przede wszystkim wytykanie błędów. Warto jednak zwrócić uwagę, że słowo to pochodzi od greckiego *kritikos* – osądzać. *Kritike techne* oznacza sztukę sądzenia. To trochę zmienia postać rzeczy! Osąd może być zarówno pozytywny, jak i negatywny. Krytyk literacki może zganić za błędy, brak rzeczowości czy kiepski styl, ale także pochwalić, gdy książka jest dobra. Podobnie krytyk sztuki czy krytyk muzyczny.

W życiu stykamy się z dwoma rodzajami krytyki: niekonstruktywną i konstruktywną.

Krytyka niekonstruktywna przyczynia się do znacznego obniżenia poczucia własnej wartości. Krytyk wykazuje się agresją, skupia na wyliczaniu wad osoby, a nie na popełnionych przez nią błędach. Generalizuje. Taka krytyka zwykle ma negatywne skutki. Osoba krytykowana może uznać, że do niczego się nie nadaje. Przekonana o własnej nieskuteczności może obawiać się podjęcia jakichkolwiek dalszych działań. Może też wycofać się z kontaktów z ludźmi lub atakować wszystkich dookoła w poszukiwaniu winnego. Co w takim przypadku można zrobić? Przede wszystkim nie odpowiadajmy agresją na agresję. To pomysł najgorszy z możliwych. Jeśli wypracowaliśmy w sobie samoświadomość, będziemy potrafili zneutralizować destrukcyjną krytykę. Spokojnie poprośmy jej autora o przedstawienie konkretnych zarzutów. Zadajmy w tym celu kilka rzeczowych pytań, na przykład: „Co, dokładnie, zrobiłem źle?", „Na czym polegał błąd?", „Czy postąpiłem wbrew wcześniejszym ustaleniom?", „Czy masz dla mnie jakieś konkretne propozycje?". Konieczność odpowiedzi na te pytania spowoduje, że krytyka przerodzi się w konstruktywną.

Krytyki konstruktywnej warto wysłuchać z uwagą. Nie jest skierowana przeciwko człowiekowi. Wskazuje konkretne niedociągnięcia oraz podpowiada rozwiązania lub kierunki działań, które umożliwią poprawę sytuacji. Taką krytyką się nie zniechęcaj. Pamiętaj, że każdy robi błędy!

Nie ma i nie było na świecie człowieka, który by tego uniknął! Nie zrażaj się zatem. Z błędów wyciągaj wnioski, a z krytyki naukę!

Czy wiesz, że w historii kultury wśród krytykowanych i niedocenianych za życia można znaleźć wielu takich, których wielkości po latach nikt nie podważa? Na przykład Cézanne. Najpierw krytykował go własny ojciec, z zawodu bankier, a później paryska publiczność i wielcy krytycy sztuki. Gdy malarz podarował Emilowi Zoli namalowany przez siebie obraz, dzieło wylądowało na strychu! Trzynaście razy starał się, by przynajmniej jeden z jego obrazów znalazł się na Salonie, największej dorocznej wystawie paryskiej i trzynaście razy mu odmówiono. Podobny los spotkał dzieła innych impresjonistów (do odrzuconych należało nawet słynne dziś *Śniadanie na trawie* Edouarda Maneta). Towarzyszyły temu złośliwe artykuły w prasie oraz niewybredne żarty, których dopuszczali się najwięksi i najbardziej opiniotwórczy krytycy sztuki. Wiara w prawdziwą wartość własnej twórczości spowodowała, że Cézanne oraz jemu podobni nie zaprzestali malowania.

Tu mała dygresja. Zdarzy się pewnie, że i Ty będziesz poproszony o wygłoszenie opinii na temat czyjejś pracy. Staraj się, by Twoja krytyka była konstruktywna. Jeśli uważasz, że jesteś kompetentny, wykazuj błędy i pomóż je skorygować. Bardzo uważaj, by Twoje słowa nie odnosiły się do osoby, lecz do jej postępowania. Masz prawo nie akceptować czyjegoś działania, ale wyrażaj szacunek do człowieka. Stosuj jeszcze jedną dobrą zasadę: chwal przy innych, krytykuj w ciszy gabinetu!

Znajdź hobby! Hobby to zajęcie, które podejmujemy dla przyjemności, mimo że zazwyczaj nie przynosi nam żadnych profitów. Zadowolenie z jego uprawiania jest tak duże, że jeśli je dla siebie odkryjemy, gotowi jesteśmy inwestować spore pieniądze w jego rozwój. Poświęcamy mu także znaczną część naszego wolnego czasu. Aby nie być gołosłownym, posłużę się własnym przykładem. Gdy odkryłem w sobie zdolności muzyczne, zacząłem grać ze słuchu na flecie. Opanowanie instrumentu nie zajęło mi wiele czasu. Ogromnie mnie to podbudowało. Bliski kontakt z muzyką, i to nie tylko w charakterze odbiorcy, sprawia mi wielką satysfakcję. Gram kilka razy w tygodniu. Tęsknię do tych chwil. Świadomość, że potrafię zrobić coś, czego się wcześniej po sobie nie spodziewałem, wpłynęła pozytywnie na moje poczucie własnej wartości.

To nie wszystkie korzyści z uprawiania hobby. Dzięki hobby możemy poznać ludzi, z którymi zwiążemy się towarzysko. Wspólne bieganie, plenery artystyczne, kluby filmowe i książkowe sprawiają wszystkim uczestnikom dużo radości. Staje się to bardzo ważne w momencie, kiedy z różnych względów nie spotykamy się z ludźmi w zakładzie pracy (np. pracujemy w domu, zajmujemy się opieką nad dziećmi, jesteśmy na emeryturze) i mamy mniejszą możliwość osobistego kontaktu z innymi.

Być może dojdzie do tego, że pasja będzie

wypełniać niemal cały Twój czas, a w końcu stanie się Twoim zawodem. Serdecznie Ci tego życzę. Zarabianie na tym, co sprawia przyjemność, przynosi ogromną satysfakcję i wzmacnia wiele pozytywnych cech.

Ciesz się z tego co masz! Będziemy o tym wspominać jeszcze wielokrotnie. Buduj obraz własnego życia z tego, co osiągnąłeś, a nie z tego, czego Ci brakuje. Koncentruj się na blaskach, a nie na cieniach. Nawet jeśli nie jest Ci łatwo, wiele Twoich przedsięwzięć zapewne skończyło się sukcesem. Skupiaj się na małych radościach. Naucz się dostrzegać pogodę za oknem, uśmiech małżonki, radosną zabawę dziecka, śmieszną sytuację na ulicy czy oryginalne ubranie mijanego przechodnia.

Utrzymuj serdeczne relacje z otoczeniem! Nie uzależniaj się od innych, ale zachowuj się wobec wszystkich z serdecznością. Popatrz życzliwie wokół. Pamiętaj, że otaczają Cię inni ludzie. Oni także myślą i czują. Jeśli zauważasz, że możesz pomóc, pomagaj. Jeśli ktoś potrzebuje rozmowy, rozmawiaj.

Naucz się słuchać. To ważne! Tak mało jest teraz uważnych słuchaczy. Dobro, które okażesz, wróci do Ciebie ze zwielokrotnioną siłą. Nie oznacza to, że za wszelką cenę masz się starać, żeby wszyscy Cię polubili. Nie da się tego osiągnąć. Pomyśl, czy Ty jednakowo lubisz wszystkich? Być może wszystkich szanujesz i to jest dobry kierunek. Nie rezygnuj ze swojego ja, ale bierz dobro innych pod uwagę, cokolwiek robisz. Staraj się, by Twoje postępowanie nikogo nie krzywdziło. To zapewni Ci dobre relacje z ludźmi.

Rozdział 5

Poczucie własnej wartości wystawione na próbę

Poczucie własnej wartości każdego człowieka zmienia się z upływem czasu. Kolejne życiowe zdarzenia wystawiają je na próbę. Niekiedy bardzo ciężką. Przykładem może być historia życia laureata Pokojowej Nagrody Nobla Nelsona Mandeli, byłego prezydenta RPA. Mandela był potomkiem dynastii królewskiej ludu Thembu. W wieku siedmiu lat, jako pierwszy w rodzinie, rozpoczął systematyczną edukację szkolną. Później osiągał kolejne szczeble kształcenia, do studiów prawniczych włącznie. W okresie uniwersyteckim zaangażował się w działania na rzecz praw politycznych, społecznych i ekonomicznych czarnoskórej większości w RPA. Wstąpił do Afrykańskiego Kongresu Narodowego

(ANC) walczącego z apartheidem. Najpierw stał się jego aktywnym działaczem.

Początkowo był zdecydowanym przeciwnikiem używania przemocy jako narzędzia walki politycznej i społecznej. Zmienił jednak zdanie po masakrze, której dokonano na uczestnikach protestu w Sharpeville. Wstrząsnęła nim brutalność i bezwzględność skierowana przeciwko niemal całkowicie bezbronnej ludności cywilnej.

Mimo delegalizacji Afrykański Kongres Narodowy nie zaprzestał działalności. Nelson Mandela został przywódcą zbrojnego ramienia tej organizacji Umkhonto we Sizwe (czyli Włócznia Narodu). Jej działania miały charakter sabotażowy, nie były skierowane przeciwko ludziom. To jednak nie uchroniło Mandeli.

W 1962 roku został aresztowany i skazany na dożywocie. W więzieniu spędził 27 lat. Tak długa izolacja nieodwracalnie zniszczyłaby poczucie własnej wartości większości ludzi. Jednak przyszły prezydent RPA nie załamał się i nie stracił wiary w siebie. Z więzienia kierował walką w słusznej sprawie. Ogromne naciski międzynarodowe oraz zmiana władzy w RPA (prezydentem został Frederik Willem de Klerk) spowodowały, że w 1990 roku Mandela odzyskał wolność i ponownie objął przywództwo Afrykańskiego Kongresu Narodowego. Jego walka przyniosła upragniony sukces. W 1994 roku odbyły się w RPA pierwsze wolne wybory, które wygrał Kongres, zdobywając ponad 60 procent głosów. W rezultacie tego zwycięstwa Nelson Mandela został prezydentem, pierwszym czarnoskórym prezydentem RPA. Pełnił tę funkcję przez pięć lat. W czasie jego rządów nastąpiło pokojowe odejście od polityki apartheidu, za czym mieszkańcy RPA opowiedzieli się w referendum zorganizowanym jeszcze przed dojściem Mandeli do władzy. Jako głowa państwa Mandela zdobył uznanie na całym świecie. W 1993 roku otrzymał Nagrodę Nobla (wraz ze swoim zastępcą, a poprzednim prezydentem, Frederikiem Willemem de Klerkiem).

Po odejściu z życia politycznego były prezydent zaangażował się w działalność społeczną, między innymi w kampanię na rzecz walki z AIDS. Utworzył fundację Nelson Mandela Children's Fund, której celem jest pomoc i ułatwianie dostępu do edukacji dzieciom niepełnosprawnym i chorym na AIDS. Podejmował się mediacji w rozwiązywaniu lokalnych konfliktów w Afryce. W wieku 85 lat, jako człowiek cieszący się dobrym zdrowiem i pełen życia, podjął decyzję o wycofaniu się z działalności politycznej. Po wieloletniej walce o kraj wolny od przemocy, chorób i nieszczęść postanowił poświęcić się wyłącznie sprawom osobistym.

Przypomnienie w tym miejscu sylwetki Nelsona Mandeli jest jak najbardziej celowe. Trudno znaleźć drugiego człowieka, który przez prawie 30 lat pobytu w więzieniu potrafił zachować ducha i nieugiętą wolę. Te cechy nie zawiodły go nigdy. Krzywdy i niesprawiedliwości, które dostrzegał i których doświadczał osobiście, utwierdzały go w przekonaniu o słuszności podjętej walki i wzmacniały jego poczucie własnej wartości.

☼

Refleksje końcowe

Jak ważne jest poczucie własnej wartości, miałem okazję przekonać się jako właściciel wielu firm. W ciągu ostatnich 30 lat przyjąłem do pracy w sumie około 200 pracowników. Bardzo uważnie zapoznawałem się z nadesłanymi dokumentami. Przy każdym CV bardziej niż na wykształcenie zawodowe (zwykle wszyscy kandydaci je mają) zwracałem uwagę na to, czy ta osoba ma kompetencje miękkie, czy rozwinęła umiejętności, dzięki którym będzie nie tylko skuteczna, lecz także komunikatywna, asertywna, empatyczna. To samo sprawdzałem podczas rozmów z kandydatami. Moje doświadczenie wskazuje, że te umiejętności cechują ludzi, którzy mają optymalne poczucie własnej wartości. Ich zatrudnienie przynosi firmie długofalowe korzyści. Wielu znanych mi przedsiębiorców z branży reklamowej, inwestycyjnej, deweloperskiej, hotelarskiej itp. stawia głównie na kompetencje zawodowe kandydatów. Zakładają, że wystarczy, by przyszły pracownik był dobrym inżynierem, finansistą czy menadżerem. I na krótką metę tak jest. Często ludzie ci w początkowym okresie są nadzwyczaj efektywni, a ich wiedza wzbudza zachwyt i entuzjazm. Później jednak skuteczność podejmowanych przez nich działań szybko maleje, bo nie opierają się na zdrowym poczuciu własnej wartości, a na szantażu emocjonalnym, wykorzystywaniu innych, traktowaniu ludzi jak gorszych od siebie oraz mamieniu klientów nieprawdziwymi obietnicami. Kończy się wypaleniem zawodowym, konfliktem ze współpracownikami, rozczarowaniem (własnym i pracodawcy), a w końcu odejściem z pracy. To dowód, że same umiejętności zawodowe (kompetencje twarde), nawet ponadprzeciętne, nie gwarantują ani stabilnej pracy, ani zadowolenia z jej wykonywania.

Mam nadzieję, że po lekturze tej książki zdobyłeś samoświadomość, która pozwoli Ci utrzymać, wzmocnić, a – jeśli to potrzebne – najpierw wzbudzić w sobie poczucie własnej wartości.

Bez tego trudno Ci będzie zaakceptować siebie w pełni.

Nieświadomość własnego „ja" skazuje człowieka na bezrefleksyjne życie, pozbawione szczęścia, a często i szacunku do samego siebie.

Samoświadomość i zrozumienie, że jesteś – jak każdy człowiek – wyjątkowy i wartościowy, pozwoli Ci na skuteczniejsze i bardziej racjonalne działanie.

Staniesz się odpowiedzialny za swoje życie i dostrzeżesz, że zależy ono w głównej mierze od Ciebie. A wtedy drobne błędy i porażki przestaną być dramatem i nie obniżą Twojego poczucia własnej wartości. Wprost przeciwnie! Wzmocnią je.

Poczucie własnej wartości pozwoli Ci lepiej rozumieć innych. Rozumieć, czyli traktować ich jak wolnych ludzi, mających prawo do własnych ocen i przekonań. Dzięki temu zapanujesz nad negatywnymi emocjami, a tym samym zyskasz szacunek i zaufanie współpracowników, rodziny i znajomych. Łatwiej będzie Ci znaleźć i utrzymać pracę w dobrej i stabilnej firmie.

Pamiętaj jednak o tym, że samoocena jest zmienna! Nad poczuciem własnej wartości pracujemy przez całe życie. Dobrą metodą jest fundowanie sobie cotygodniowych spotkań z samym sobą i przeprowadzanie czegoś, co można nazwać rachunkiem sumienia, a co w rzeczywistości jest rozmową z wewnętrznym „ja". Zachęcam, aby to robić w weekend, kiedy możemy sobie zapewnić kilkadziesiąt minut spokoju i odosobnienia. Warto wtedy zastanowić się nad minionym tygodniem. Za co mogę sobie postawić najwyższą notę? Co nie powinno się zdarzyć? Czy miałem na to jakiś wpływ? W którym momencie mogłem zachować się inaczej, by osiągnąć efekt zgodny z oczekiwaniami? Takie przemyślenia, prowadzone z pełną życzliwością dla siebie, pozwolą na bieżąco naprawiać błędy, weryfikować plany, korygować działania, by nie zboczyć z kursu, ponieważ wtedy zaczęlibyśmy dryfować daleko od wartości nadrzędnych i obranych celów.

Współczesne czasy, szczególnie w okresach nawiedzających nas cyklicznie kryzysów ekonomicznych, są pełne zagrożeń dla poczucia ludzkiej godności i wartości. Trudno jest dobrze myśleć o sobie i wierzyć w siebie, gdy traci się bliską osobę, przyjaciół, majątek lub pracę. Tym bardziej, gdy te straty się skumulują. Nie pozwólmy jednak, by nawet tak przykre doświadczenia trwale obniżyły naszą samoocenę! Nie gódźmy się na to! Człowiek może postąpić źle, może stracić wszystko… wszystko, ale nie swoją wartość!!! Wartość ta wynika z samego faktu bycia człowiekiem i o tym musimy pamiętać!

Problemy z samooceną mogą pojawić się w każdym momencie życia. Mogą mieć je także osoby przechodzące na emeryturę, kiedy przestają podlegać bezpośrednim ocenom, wyrażanym na przykład w postaci pochwał, listów gratulacyjnych, nagród i premii. Dlatego tak ważne jest, by w każdej sytuacji znaleźć dla siebie pola aktywności i działać! Praca nad poczuciem własnej wartości zaczyna się w dzieciństwie i nigdy się nie kończy.

Zwątpienie może przytrafić się każdemu, ale nie można się mu poddać. Zawsze, nawet w najgorszych chwilach, mamy wpływ na własne życie i możemy wyjść zwycięsko z najtrudniejszej sytuacji.

Co możesz zapamiętać?

Poczucie własnej wartości to wewnętrzne przekonanie na swój temat, które nie jest stałe i pod wpływem różnych czynników podlega wahaniom.

Optymalne poczucie własnej wartości wynika z pozytywnej, ale realistycznej opinii o sobie samym.

Poczucie własnej wartości kształtuje się w dzieciństwie.

W budowaniu poczucia własnej wartości pomaga afirmowanie.

Na pozytywną samoocenę składa się pozytywne myślenie, akceptacja siebie i samoświadomość.

Poczucie własnej wartości można wzmocnić, korzystając z następujących rad:

– zaakceptuj swój wygląd,

- pracuj nad mową ciała,
- kształć się, zdobywaj nową wiedzę i umiejętności,
- nie porównuj się z innymi,
- wyznaczaj realistyczne cele i dąż do ich osiągania,
- przykładaj się do pracy, ale nie wpadaj w pułapkę perfekcjonizmu,
- nie zniechęcaj się krytyką,
- znajdź hobby,
- ciesz się z tego, co masz,
- dbaj o serdeczne relacje z otoczeniem.

Utrzymaniu wysokiego poczucia własnej wartości sprzyja cotygodniowa rozmowa z samym sobą, swoisty rachunek sumienia.

Bibliografia

Albright M., Carr C., *Największe błędy menedżerów*, Warszawa 1997.
Allen B.D., Allen W.D., *Formuła 2+2. Skuteczny coaching*, Warszawa 2006.
Anderson Ch., *Za darmo: przyszłość najbardziej radykalnej z cen*, Kraków 2011.
Anthony R., *Pełna wiara w siebie*, Warszawa 2005.
Ariely D., *Zalety irracjonalności. Korzyści z postępowania wbrew logice w domu i pracy*, Wrocław 2010.
Bates W.H., *Naturalne leczenie wzroku bez okularów*, Katowice 2011.
Bettger F., *Jak umiejętnie sprzedawać i zwielokrotnić dochody*, Warszawa 1995.
Blanchard K., Johnson S., *Jednominutowy menedżer*, Konstancin-Jeziorna 1995.
Blanchard K., O'Connor M., *Zarządzanie poprzez wartości*, Warszawa 1998.
Bogacka A.W., *Zdrowie na talerzu*, Białystok 2008.
Bollier D., *Mierzyć wyżej. Historie 25 firm, które osiąg-

nęły sukces, łącząc skuteczne zarządzanie z realizacją misji społecznych, Warszawa 1999.

Bond W.J., *199 sytuacji, w których tracimy czas, i jak ich uniknąć*, Gdańsk 1995.

Bono E. de, *Dziecko w szkole kreatywnego myślenia*, Gliwice 2010.

Bono E. de, *Sześć kapeluszy myślowych*, Gliwice 2007.

Bono E. de, *Sześć ram myślowych*, Gliwice 2009.

Bono E. de, *Wodna logika. Wypłyń na szerokie wody kreatywności*, Gliwice 2011.

Bossidy L., Charan R., *Realizacja. Zasady wprowadzania planów w życie*, Warszawa 2003.

Branden N., *Sześć filarów poczucia własnej wartości*, Łódź 2010.

Branson R., *Zaryzykuj – zrób to! Lekcje życia*, Warszawa-Wesoła 2012.

Brothers J., Eagan E, *Pamięć doskonała w 10 dni*, Warszawa 2000.

Buckingham M., *To jedno, co powinieneś wiedzieć... o świetnym zarządzaniu, wybitnym przywództwie i trwałym sukcesie osobistym*, Warszawa 2006.

Buckingham M., *Wykorzystaj swoje silne strony. Użyj dźwigni swojego talentu*, Waszawa 2010

Buckingham M., Clifton D.O., *Teraz odkryj swoje silne strony*, Warszawa 2003.

Butler E., Pirie M., *Jak podwyższyć swój iloraz inteligencji?*, Gdańsk 1995.
Buzan T., *Mapy myśli*, Łódź 2008.
Buzan T., *Pamięć na zawołanie*, Łódź 1999.
Buzan T., *Podręcznik szybkiego czytania*, Łódź 2003.
Buzan T., *Potęga umysłu. Jak zyskać sprawność fizyczną i umysłową: związek umysłu i ciała*, Warszawa 2003.
Buzan T., Dottino T., Israel R., *Zwykli ludzie – liderzy. Jak maksymalnie wykorzystać kreatywność pracowników*, Warszawa 2008.
Carnegie D., *I ty możesz być liderem*, Warszawa 1995.
Carnegie D., *Jak przestać się martwić i zacząć żyć*, Warszawa 2011.
Carnegie D., *Jak zdobyć przyjaciół i zjednać sobie ludzi*, Warszawa 2011.
Carnegie D., *Po szczeblach słowa. Jak stać się doskonałym mówcą i rozmówcą*, Warszawa 2009.
Carnegie D., Crom M., Crom J.O., *Szkoła biznesu. O pozyskiwaniu klientów na zawsze*, Waszrszawa 2003
Cialdini R., *Wywieranie wpływu na ludzi*, Gdańsk 1998.
Clegg B., *Przyspieszony kurs rozwoju osobistego*, Warszawa 2002.
Cofer C.N., Appley M.H., *Motywacja: teoria i badania*, Warszawa 1972.

Cohen H., *Wszystko możesz wynegocjować. Jak osiągnąć to, co chcesz*, Warszawa 1997. r Covey S.R., 3. rozwiązanie, Poznań 2012.

Covey S.R., *7 nawyków skutecznego działania*, Poznań 2007.

Covey S.R., *8. nawyk*, Poznań 2006.

Covey S.R., Merrill A.R., Merrill R.R., *Najpierw rzeczy najważniejsze*, Warszawa 2007.

Craig M., *50 najlepszych (i najgorszych) interesów w historii biznesu*, Warszawa 2002.

Csikszentmihalyi M., *Przepływ: psychologia optymalnego doświadczenia*, Wrocław 2005

Davis R.C., Lindsmith B., *Ludzie renesansu: umysły, które ukształtowały erę nowożytną*, Poznań 2012

Davis R.D., Braun E.M., *Dar dysleksji. Dlaczego niektórzy zdolni ludzie nie umieją czytać i jak mogą się nauczyć*, Poznań 2001.

Dearlove D., *Biznes w stylu Richarda Bransona. 10 tajemnic twórcy megamarki*, Gdańsk 2009.

DeVos D., *Podstawy wolności. Wartości decydujące o sukcesie jednostek i społeczeństw*, Konstancin-Jeziorna 1998.

DeVos R.M., Conn Ch.P., *Uwierz! Credo człowieka czynu, współzałożyciela Amway Corporation, hołdującego zasadom, które uczyniły Amerykę wielką*, Warszawa 1994.

Dixit A.K., Nalebuff B.J., *Myślenie strategiczne. Jak zapewnić sobie przewagę w biznesie, polityce i życiu prywatnym*, Gliwice 2009.

Dixit A.K., Nalebuff B.J., *Sztuka strategii. Teoria gier w biznesie i życiu prywatnym*, Warszawa 2009.

Dobson J., *Jak budować poczucie wartości w swoim dziecku*, Lublin 1993.

Doskonalenie strategii (seria *Harvard Bussines Review*), praca zbiorowa, Gliwice 2006.

Dryden G., Vos J., *Rewolucja w uczeniu*, Poznań 2000.

Dyer W.W., *Kieruj swoim życiem*, Warszawa 2012.

Dyer W.W., *Pokochaj siebie*, Warszawa 2008.

Edelman R.C., Hiltabiddle T.R., Manz Ch.C., *Syndrom miłego człowieka*, Gliwice 2010.

Eichelberger W., Forthomme P., Nail F., *Quest. Twoja droga do sukcesu. Nie ma prostych recept na sukces, ale są recepty skuteczne*, Warszawa 2008.

Enkelmann N.B., *Biznes i motywacja*, Łódź 1997.

Eysenck H. i M., *Podpatrywanie umysłu. Dlaczego ludzie zachowują się tak, jak się zachowują?*, Gdańsk 1996.

Ferriss T., *4-godzinny tydzień pracy. Nie bądź płatnym niewolnikiem od 7.00 do 17.00*, Warszawa 2009.

Flexner J.T., Waschington. *Człowiek niezastąpiony*, Warszawa 1990.

Forward S., Frazier D., *Szantaż emocjonalny: jak obronić się przed manipulacją i wykorzystaniem*, Gdańsk 2011.

Frankl V.E., *Człowiek w poszukiwaniu sensu*, Warszawa 2009.

Fraser J.F., *Jak Ameryka pracuje*, Przemyśl 1910.

Freud Z., *Wstęp do psychoanalizy*, Warszawa 1994.

Fromm E., *Mieć czy być*, Poznań 2009.

Fromm E., *Niech się stanie człowiek. Z psychologii etyki*, Warszawa 2005.

Fromm E., *O sztuce miłości*, Poznań 2002.

Fromm E., *O sztuce słuchania. Terapeutyczne aspekty psychoanalizy*, Warszawa 2002.

Fromm E., *Serce człowieka. Jego niezwykła zdolność do dobra i zła*, Warszawa 2000.

Fromm E., *Ucieczka od wolności*, Warszawa 2001.

Fromm E., *Zerwać okowy iluzji*, Poznań 2000.

Galloway D., *Sztuka samodyscypliny*, Warszawa 1997.

Gardner H., *Inteligencje wielorakie – teoria w praktyce*, Poznań 2002.

Gawande A., *Potęga checklisty: jak opanować chaos i zyskać swobodę w działaniu*, Kraków 2012.

Gelb M.J., *Leonardo da Vinci odkodowany*, Poznań 2005.

Gelb M.J., Miller Caldicott S., *Myśleć jak Edison*, Poznań 2010.

Gelb M.J., *Myśleć jak geniusz*, Poznań 2004.

Gelb M.J., *Myśleć jak Leonardo da Vinci*, Poznań 2001.

Giblin L., *Umiejętność postępowania z innymi...*, Kraków 1993.

Girard J., Casemore R., *Pokonać drogę na szczyt*, Warszawa 1996.
Glass L., *Toksyczni ludzie*, Poznań 1998.
Godlewska M., *Jak pokonałam raka*, Białystok 2011.
Godwin M., *Kim jestem? 101 dróg do odkrycia siebie*, Warszawa 2001.
Goleman D., *Inteligencja emocjonalna*, Poznań 2002.
Gordon T., *Wychowywanie bez porażek szefów, liderów, przywódców*, Warszawa 1996.
Gorman T., *Droga do skutecznych działań. Motywacja*, Gliwice 2009.
Gorman T., *Droga do wzrostu zysków. Innowacja*, Gliwice 2009.
Greenberg H., Sweeney P., *Jak odnieść sukces i rozwinąć swój potencjał*, Warszawa 2007.
Habeler P., Steinbach K., *Celem jest szczyt*, Warszawa 2011.
Hamel G., Prahalad C.K., *Przewaga konkurencyjna jutra*, Warszawa 1999.
Hamlin S., *Jak mówić, żeby nas słuchali*, Poznań 2008.
Hill N., *Klucze do sukcesu*, Warszawa 1998.
Hill N., *Magiczna drabina do sukcesu*, Warszawa 2007.
Hill N., *Myśl!... i bogać się. Podręcznik człowieka interesu*, Warszawa 2012.
Hill N., *Początek wielkiej kariery*, Gliwice 2009.
Ingram D.B., Parks J.A., *Etyka dla żółtodziobów, czyli wszystko, co powinieneś wiedzieć o...*, Poznań 2003.

Jagiełło J., Zuziak W. [red.], *Człowiek wobec wartości*, Kraków 2006.

James W., *Pragmatyzm*, Warszawa 2009.

Jamruszkiewicz J., *Kurs szybkiego czytania*, Chorzów 2002.

Johnson S., *Tak czy nie. Jak podejmować dobre decyzje*, Konstancin-Jeziorna 1995.

Jones Ch., *Życie jest fascynujące*, Konstancin-Jeziorna 1993.

Kanter R.M., *Wiara w siebie. Jak zaczynają się i kończą dobre i złe passy*, Warszawa 2006.

Keller H., *Historia mojego życia*, Warszawa 1978.

Kirschner J., *Zwycięstwo bez walki. Strategie przeciw agresji*, Gliwice 2008.

Koch R., *Zasada 80/20. Lepsze efekty mniejszym nakładem sił i środków*, Konstancin--Jeziorna 1998.

Kopmeyer M.R., *Praktyczne metody osiągania sukcesu*, Warszawa 1994.

Ksenofont, *Cyrus Wielki. Sztuka zwyciężania*, Warszawa 2008.

Kuba A., Hausman J., *Dzieje samochodu*, Warszawa 1973.

Kumaniecki K., *Historia kultury starożytnej Grecji i Rzymu*, Warszawa 1964.

Lamont G., *Jak podnieść pewność siebie*, Łódź 2008.

Leigh A., Maynard M., *Lider doskonały*, Poznań 1999.

Littauer F., *Osobowość plus*, Warszawa 2007.

Loreau D., *Sztuka prostoty*, Warszawa 2009.
Lott L., Intner R., Mendenhall B., *Autoterapia dla każdego. Spróbuj w osiem tygodni zmienić swoje życie*, Warszawa 2006.
Maige Ch., Muller J.-L., *Walka z czasem. Atut strategiczny przedsiębiorstwa*, Warszawa 1995.
Mansfield P., *Jak być asertywnym*, Poznań 1994.
Martin R., *Niepokorny umysł. Poznaj klucz do myślenia zintegrowanego*, Gliwice 2009.
Maslow A., *Motywacja i osobowość*, Warszawa 2009.
Matusewicz Cz., *Wprowadzenie do psychologii*, Warszawa 2011.
Maxwell J.C., *21 cech skutecznego lidera*, Warszawa 2012.
Maxwell J.C., *Tworzyć liderów, czyli jak wprowadzać innych na drogę sukcesu*, Konstancin-Jeziorna 1997.
Maxwell J.C., *Wszyscy się komunikują, niewielu potrafi się porozumieć*, Warszawa 2011.
McCormack M.H., *O zarządzaniu*, Warszawa 1998.
McElroy K., *Jak inwestować w nieruchomości. Znajdź ukryte zyski, których większość inwestorów nie dostrzega*, Osielsko 2008.
McGee P., *Pewność siebie. Jak mała zmiana może zrobić wielką różnicę*, Gliwice 2011.
McGrath H., Edwards H., *Trudne osobowości. Jak radzić sobie ze szkodliwymi zachowaniami innych oraz własnymi*, Poznań 2010.

Mellody P., Miller A.W., Miller J.K., *Toksyczna miłość i jak się z niej wyzwolić*, Warszawa 2013.

Melody B., *Koniec współuzależnienia*, Poznań 2002.

Miller M., *Style myślenia*, Poznań 2000.

Mingotaud F., *Sprawny kierownik. Techniki osiągania sukcesów*, Warszawa 1994.

MJ DeMarco, *Fastlane milionera*, Katowice 2012.

Morgenstern J., *Jak być doskonale zorganizowanym*, Warszawa 2000.

Nay W.R., *Związek bez gniewu. Jak przerwać błędne koło kłótni, dąsów i cichych dni*, Warszawa 2011.

Nierenberg G.I., *Ekspert. Czy nim jesteś?*, Warszawa 2001.

Ogger G., *Geniusze i spekulanci, Jak rodził się kapitalizm*, Warszawa 1993.

Osho, *Księga zrozumienia. Własna droga do wolności*, Warszawa 2009.

Parkinson C.N., *Prawo pani Parkinson*, Warszawa 1970.

Peale N.V., *Entuzjazm zmienia wszystko. Jak stać się zwycięzcą*, Warszawa 1996.

Peale N.V., *Możesz, jeśli myślisz, że możesz*, Warszawa 2005.

Peale N.V., *Rozbudź w sobie twórczy potencjał*, Warszawa 1997.

Peale N.V., *Uwierz i zwyciężaj. Jak zaufać swoim myślom i poczuć pewność siebie*, Warszawa 1999.

Pietrasiński Z., *Psychologia sprawnego myślenia*, Warszawa 1959.
Pilikowski J., *Podróż w świat etyki*, Kraków 2010.
Pink D.H., *Drive*, Warszawa 2011.
Pirożyński M., *Kształcenie charakteru*, Poznań 1999.
Pismo Święte Starego i Nowego Testamentu. Biblia Tysiąclecia, Warszawa 2002.
Pismo Święte w Przekładzie Nowego Świata, 1997.
Popielski K., *Psychologia egzystencji. Wartości w życiu*, Lublin 2009.
Poznaj swoją osobowość, Bielsko-Biała 1996.
Przemieniecki J., *Psychologia jednostki. Odkoduj szyfr do swego umysłu*, Warszawa 2008.
Pszczołowski T., *Umiejętność przekonywania i dyskusji*, Gdańsk 1998.
Reiman T., *Potęga perswazyjnej komunikacji*, Gliwice 2011.
Robbins A., *Nasza moc bez granic. Skuteczna metoda osiągania życiowych sukcesów za pomocą NLP*, Konstancin-Jeziorna 2009.
Robbins A., *Obudź w sobie olbrzyma… i miej wpływ na całe swoje życie – od zaraz*, Poznań 2002.
Robbins A., *Olbrzymie kroki*, Warszawa 2001.
Robert M., *Nowe myślenie strategiczne: czyste i proste*, Warszawa 2006.
Robinson J.W., *Imperium wolności. Historia Amway Corporation*, Warszawa 1997.

Rose C., Nicholl M.J., *Ucz się szybciej, na miarę XXI wieku*, Warszawa 2003.

Rose N., *Winston Churchill. Życie pod prąd*, Warszawa 1996.

Rychter W., *Dzieje samochodu*, Warszawa 1962.

Ryżak Z., *Zarządzanie energią kluczem do sukcesu*, Warszawa 2008.

Savater F., *Etyka dla syna*, Warszawa 1996.

Schäfer B., *Droga do finansowej wolności. Pierwszy milion w ciągu siedmiu lat*, Warszawa 2011.

Schäfer B., *Zasady zwycięzców*, Warszawa 2007.

Scherman J.R., *Jak skończyć z odwlekaniem i działać skutecznie*, Warszawa 1995.

Schuller R.H., *Ciężkie czasy przemijają, bądź silny i przetrwaj je*, Warszawa 1996.

Schwalbe B., Schwalbe H., Zander E., *Rozwijanie osobowości. Jak zostać sprzedawcą doskonałym*, tom 2, Warszawa 1994.

Schwartz D.J., *Magia myślenia kategoriami sukcesu*, Konstancin-Jeziorna 1994.

Schwartz D.J., *Magia myślenia na wielką skalę. Jak zaprząc duszę i umysł do wielkich osiągnięć*, Warszawa 2008.

Scott S.K., *Notatnik milionera. Jak zwykli ludzie mogą osiągać niezwykłe sukcesy*, Warszawa 1997.

Sedlak K. [red.], *Jak poszukiwać i zjednywać najlepszych pracowników*, Kraków 1995.

Seiwert L.J., *Jak organizować czas*, Warszawa 1998.
Seligman M.E.P., *Co możesz zmienić, a czego nie możesz*, Poznań 1995.
Seligman M.E.P., *Pełnia życia*, Poznań 2011.
Seneka, *Myśli*, Kraków 1989.
Sewell C., Brown P.B., *Klient na całe życie, czyli jak przypadkowego klienta zmienić w wiernego entuzjastę naszych usług*, Warszawa 1992.
Słownik pisarzy antycznych, Warszawa 1982.
Smith A., *Umysł*, Warszawa 1989.
Spector R., *Amazon.com. Historia przedsiębiorstwa, które stworzyło nowy model biznesu*, Warszawa 2000.
Spence G., *Jak skutecznie przekonywać... wszędzie i każdego dnia*, Poznań 2001.
Sprenger R.K., *Zaufanie # 1*, Warszawa 2011.
Staff L., *Michał Anioł*, Warszawa 1990.
Stone D.C., *Podążaj za swymi marzeniami*, Konstancin-Jeziorna 1998.
Swiet J., *Kolumb*, Warszawa 1979.
Szurawski M., *Pamięć. Trening interaktywny*, Łódź 2004.
Szyszkowska M., *W poszukiwaniu sensu życia*, Warszawa 1997.
Tatarkiewicz W., *O szczęściu*, Warszawa 1979.
Tavris C., Aronson E., *Błądzą wszyscy (ale nie ja)*, Sopot--Warszawa 2008.

Tracy B., *Milionerzy z wyboru. 21 tajemnic sukcesu*, Warszawa 2002.

Tracy B., *Plan lotu. Prawdziwy sekret sukcesu*, Warszawa 2008.

Tracy B., Scheelen F.M., *Osobowość lidera*, Warszawa 2001.

Tracy B., *Sztuka zatrudniania najlepszych. 21 praktycznych i sprawdzonych technik do wykorzystania od zaraz*, Warszawa 2006.

Tracy B., *Turbostrategia. 21 skutecznych sposobów na przekształcenie firmy i szybkie zwiększenie zysków*, Warszawa 2004.

Tracy B., *Zarabiaj więcej i awansuj szybciej. 21 sposobów na przyspieszenie kariery*, Warszawa 2007.

Tracy B., *Zarządzanie czasem*, Warszawa 2008.

Tracy B., *Zjedz tę żabę. 21 metod podnoszenia wydajności w pracy i zwalczania skłonności do zwlekania*, Warszawa 2005.

Twentier J.D., *Sztuka chwalenia ludzi*, Warszawa 1998.

Urban H., *Moc pozytywnych słów*, Warszawa 2012.

Ury W., *Odchodząc od nie. Negocjowanie od konfrontacji do kooperacji*, Warszawa 2000.

Vitale J., Klucz do sekretu. *Przyciągnij do siebie wszystko, czego pragniesz*, Gliwice 2009.

Waitley D., *Być najlepszym*, Warszawa 1998.

Waitley D., *Imperium umysłu*, Konstancin-Jeziorna 1997.

Waitley D., *Podwójne zwycięstwo*, Warszawa 1996.
Waitley D., *Sukces zależy od właściwego momentu*, Warszawa 1997.
Waitley D., Tucker R.B., *Gra o sukces. Jak zwyciężać w twórczej rywalizacji*, Warszawa 1996.
Walton S., Huey J., *Sam Walton. Made in America*, Warszawa 1994.
Waterhouse J., Minors D., Waterhouse M., *Twój zegar biologiczny. Jak żyć z nim w zgodzie*, Warszawa 1993.
Wegscheider-Cruse S., *Poczucie własnej wartości. Jak pokochać siebie*, Gdańsk 2007.
Wilson P., *Idealna równowaga. Jak znaleźć czas i sposób na pełnię życia*, Warszawa 2010.
Ziglar Z., *Do zobaczenia na szczycie*, Warszawa 1995.
Ziglar Z., *Droga na szczyt*, Konstancin-Jeziorna 1995.
Ziglar Z., *Ponad szczytem*, Warszawa 1995.

O autorze

Andrzej Moszczyński od 30 lat aktywnie zajmuje się działalnością biznesową. Jego główną kompetencją jest tworzenie skutecznych strategii dla konkretnych obszarów biznesu.

W latach 90. zdobywał doświadczenie w branży reklamowej – był prezesem i założycielem dwóch spółek z o.o. Zatrudniał w nich ponad 40 osób. Spółki te były liderami w swoich branżach, głównie w reklamie zewnętrznej – tranzytowej (reklamy na tramwajach, autobusach i samochodach). W 2001 r. przejęciem pakietów kontrolnych w tych spółkach zainteresowały się dwie firmy: amerykańska spółka giełdowa działająca w ponad 30 krajach, skupiająca się na reklamie radiowej i reklamie zewnętrznej oraz największy w Europie fundusz inwestycyjny. W 2003 r. Andrzej sprzedał udziały w tych spółkach inwestorom strategicznym.

W latach 2005-2015 był prezesem i założycielem spółki, która zajmowała się kompleksową komercjalizacją liderów rynku deweloperskiego (firma w sumie sprzedała ponad 1000 mieszkań oraz 350 apartamentów hotelowych w systemie condo).

W latach 2009-2018 był akcjonariuszem strategicznym oraz przewodniczącym rady nadzorczej fabryki urządzeń okrętowych Expom SA. Spółka ta zasięgiem działania obejmuje cały świat, dostarczając urządzenia (w tym dźwigi i żurawie) dla branży morskiej. W 2018 r. sprzedał pakiet swoich akcji inwestorowi branżowemu.

W 2014 r. utworzył w USA spółkę LLC, która działa w branży wydawniczej. W ciągu 14 lat (poczynając od 2005 r.) napisał w sumie 22 kieszonkowe poradniki z dziedziny rozwoju kompetencji miękkich – obszaru, który ma między innymi znaczenie strategiczne dla budowania wartości niematerialnych i prawnych przedsiębiorstw. Poradniki napisane przez Andrzeja koncentrują się na przekazaniu wiedzy o wartościach i rozwoju osobowości – czynnikach odpowiedzialnych za prowadzenie dobrego życia, bycie spełnionym i szczęśliwym.

Andrzej zdobywał wiedzę z dziedziny budowania wartości firm oraz tworzenia skutecznych strategii przy udziale następujących instytucji: Ernst & Young, Gallup Institute, PricewaterhauseCoopers (PwC) oraz Harward Business Review. Jego kompetencje można przyrównać do pracy **stroiciela instrumentu.**

Kiedy miał 7 lat, mama zabrała go do szkoły muzycznej, aby sprawdzić, czy ma talent. Przeszedł test pozytywnie – okazało się, że może rozpocząć edukację muzyczną. Z różnych powodów to nie nastąpiło. Często jednak w jego książkach czy wykładach można usłyszeć bądź przeczytać przykłady związane ze światem muzyki.

Dlaczego można przyrównać jego kompetencje do pracy stroiciela na przykład fortepianu? Stroiciel udoskonala fortepian, aby jego dźwięk był idealny. Każdy fortepian ma swój określony potencjał mierzony jakością dźwięku – dźwięku, który urzeka i wprowadza ludzi w stan relaksu, a może nawet pozytywnego ukojenia. Podobnie jak stroiciel Andrzej udoskonala różne procesy – szczególnie te, które dotyczą relacji z innymi ludźmi. Wierzy, że ludzie posiadają mechanizm psychologiczny, który można symbolicznie przyrównać do **mentalnego żyroskopu** czy **mentalnego noktowizora**. Rola Andrzeja polega na naprawieniu bądź wprowadzeniu w ruch tych „urządzeń".

Żyroskop jest urządzeniem, które niezależnie od komplikacji pokazuje określony kierunek. Tego typu urządzenie wykorzystywane jest na statkach i w samolotach. Andrzej jest przekonany, że rozwijanie **koncentracji i wyobraźni** prowadzi do włączenia naszego mentalnego żyroskopu. Dzięki temu możemy między innymi znajdować skuteczne rozwiązania skomplikowanych wyzwań.

Noktowizor to wyjątkowe urządzenie, które umożliwia widzenie w ciemności. Jest wykorzystywane przez wojsko, służby wywiadowcze czy myśliwych. Życie Andrzeja ukierunkowane jest na badanie tematu źródeł wewnętrznej motywacji – siły skłaniającej do działania, do przejawiania inicjatywy, do podejmowania wyzwań, do wchodzenia w obszary zupełnie nieznane. Andrzej ma przekonanie, że rozwijanie **poczucia własnej wartości** prowadzi do włączenia naszego mentalnego noktowizora. Bez optymalnego poczucia własnej wartości życie jest ciężarem.

W swojej pracy Andrzej koncentruje się na procesach podnoszących jakość następujących obszarów: właściwe interpretowanie zdarzeń, wyciąganie wniosków z analizy porażek oraz sukcesów, formułowanie właściwych pytań, a także korzystanie z wyobraźni w taki sposób, aby przewidywać swoją przyszłość, co łączy się bezpośrednio z umiejętnością strategicznego myślenia. Umiejętności te pomagają rozumieć mechanizmy wywierania wpływu przez inne osoby i umożliwiają niepoddawanie się wszechobecnej indoktrynacji. Kiedy mentalny noktowizor działa poprawnie, przekazuje w odpowiednim czasie sygnały ostrzegające, że ktoś posługuje się manipulacją, aby osiągnąć swoje cele.

Andrzej posiada również doświadczenie jako prelegent, co związane jest z jego zaangażowaniem w działania społeczne. W ostatnich 30 latach był zapraszany do udziału w różnych szkoleniach i seminariach, zgromadzeniach czy kongresach – w sumie jako mówca wystąpił ponad 700 razy. Jego przemówienia i wykłady znane są z inspirujących przykładów i zachęcających pytań, które mobilizują słuchaczy do działania.

Opinie o książce

Małe dziecko przychodzi na świat bez instrukcji obsługi, o czym boleśnie przekonują się kolejne pokolenia młodych rodziców. A jednak mimo tej pozornej przeszkody ludzkość była i jest w stanie poradzić sobie z tym wyzwaniem. Jak? Młodzi rodzice szybko uczą się – głównie metodą prób i błędów – jak zaspokajać potrzeby swojego dziecka. Rodzicielstwo to ciekawa mieszanka zaufania do własnej intuicji, pomocy bliskich i odwołania do wiedzy ekspertów. To nie stały zestaw umiejętności, które ujawniają się w chwili narodzin dziecka, lecz raczej proces nabywania nowych umiejętności dostosowanych do potrzeb i rozwoju własnych pociech.

Nie inaczej jest w przypadku rozpoznania swoich talentów i wykorzystania ich w codziennym życiu. Nie są to zdolności, jakie nabywa się po przeczytaniu jednej książki lub uczestniczeniu w weekendowych warsztatach, lecz raczej droga, na którą się wchodzi świadomie i którą podąża przez resztę życia. Wybierając się w podróż, zwykle pakujemy ze sobą przewodnik i mapę, dlatego też podczas podróży do własnego wnętrza także warto sięgnąć po jakiś przewodnik. Seria książek autorstwa Andrzeja Moszczyńskiego jest właśnie takim przewodnikiem, zawierającym cenne podpowiedzi oraz techniki odkrywania i wykorzystywania swoich talentów. Autor nie stawia się w pozycji eksperta wiedzącego lepiej, co jest dla nas dobre, lecz raczej doradcy odwołującego się szeroko do filozofii, literatury, współczesnych technik doskonalenia osobowości i własnych doświadczeń. Zdecydowanymi mocnymi stronami tej serii są przykłady z życia ilustrujące prezentowane zagadnienia oraz bogata bibliografia służąca jako punkt do dalszych poszukiwań dla wszystkich zainteresowanych doskonaleniem osobowości. Uważam, że seria ta będzie pomocna dla każdego zainteresowanego świadomym życiem i rozwojem osobistym.

Ania Bogacka
Editorial Consultant and Life Coach

* * *

Na rynku książek wybór poradników jest ogromny, ale wśród tego ogromu istnieją jasne punkty, w oparciu o które można kierować swoim życiem tak, by osiągnąć spełnienie. Samorealizacja jest osiągana poprzez mądrość i świadomość. To samo sprawia, że książki Andrzeja Moszczyńskiego są tak użyteczne i podnoszące na duchu. Dzielenie się mądrością w formie przykładów wielu historycznych postaci oświetla drogę w tej kluczowej podróży. Każda z książek Andrzeja jest kompletna sama w sobie, jednak wszystkie razem stanowią zestaw narzędzi, przy pomocy których każdy z nas może ulepszyć umysł i serce, aby ostatecznie przyjąć proaktywną i współczującą postawę wobec życia. Jako osoba, która badała i edytowała wiele tekstów z filozofii i duchowości, mogę z entuzjazmem polecić tę książkę.

Lawrence E. Payne

Dodatek

Cytaty, które pomagały autorowi napisać tę książkę

Na temat rozwoju

Przeznaczeniem człowieka jest jego charakter.

Heraklit z Efezu

Osobowość kształtuje się nie poprzez piękne słowa, lecz pracą i własnym wysiłkiem.

Albert Einstein

Na temat nastawienia do życia

Jeśli jesteś nieszczęśliwy, to dlatego, że cały czas myślisz raczej o tym, czego nie masz, zamiast koncentrować się na tym, co masz w danej chwili.

Anthony de Mello

W końcu, bracia, wszystko, co jest prawdziwe, co godne, co sprawiedliwe, co czyste, co miłe, co zasługuje na uznanie: jeśli jest jakąś cnotą i czynem chwalebnym – to miejcie na myśli.

List do Filipian 4:8

Na temat szczęścia

Ludzie są na tyle szczęśliwi, na ile sobie pozwolą nimi być.

Abraham Lincoln

Więcej szczęścia jest w dawaniu aniżeli w braniu.

Dz 20:35

Na temat poczucia własnej wartości

Bez Twojego pozwolenia nikt nie może sprawić, że poczujesz się gorszy.

Eleanor Roosevelt

Na temat możliwości człowieka

Nie ma rzeczy niemożliwych, są tylko te trudniejsze do wykonania.

Henry Ford

Gdybyśmy robili wszystkie rzeczy, które jesteśmy w stanie zrobić, wprawilibyśmy się w ogromne zdumienie.

Thomas Edison

Na temat poznawania siebie

Najpierw sami tworzymy własne nawyki, potem nawyki tworzą nas.

John Dryden

Na temat wiary w siebie

Człowiek, który zyska i zachowa władzę nad sobą, dokona rzeczy największych i najtrudniejszych.

Johann Wolfgang von Goethe

Ludzie potrafią, gdy sądzą, że potrafią.

Wergiliusz

Na temat wnikliwości

Prawdę należy mówić tylko temu, kto chce jej słuchać.

Seneka Starszy

Język mądrych jest lekarstwem.

Księga Przysłów 12:18

Na temat wytrwałości

Nic na świecie nie zastąpi wytrwałości. Nie zastąpi jej talent – nie ma nic powszechniejszego niż ludzie utalentowani, którzy nie odnoszą sukcesów. Nie uczyni niczego sam geniusz – nienagradzany geniusz to już prawie przysłowie. Nie uczyni niczego też samo wykształcenie – świat jest pełen ludzi wykształconych, o których zapomniano. Tylko wytrwałość i determinacja są wszechmocne.

John Calvin Coolidge

Możemy zrealizować każde zamierzenie, jeśli potrafimy trwać w nim wystarczająco długo.

Helen Keller

Tak samo, jak pojedynczy krok nie tworzy ścieżki na ziemi, tak pojedyncza myśl nie stworzy ścieżki w Twoim umyśle. Prawdziwa ścieżka powstaje, gdy chodzimy po niej wielokrotnie. Aby stworzyć głęboką ścieżkę mentalną, potrzebne jest wielokrotne powtarzanie myśli, które mają zdominować nasze życie.

Napoleon Bonaparte

Na temat entuzjazmu

Tylko przykład jest zaraźliwy.

Lope de Vega

Na temat odwagi

Życie albo jest śmiałą przygodą, albo nie jest życiem. Nie lękać się zmian, a w obliczu kapryśności losu zachowywać hart ducha – oto siła nie do pokonania.

Helen Keller

Silny jest ten, kto potrafi przezwyciężyć swe szkodliwe przyzwyczajenia.

Benjamin Franklin

Życie jest przygodą dla odważnych albo niczym.

Helen Keller

Na temat realizmu

Kto z was, chcąc zbudować wieżę, nie usiądzie wpierw i nie obliczy wydatków, czy ma na jej wykończenie.

Ew. Łukasza 14:28

Pesymista szuka przeciwności w każdej okazji, optymista widzi okazje w każdej przeciwności.

Winston Churchill

Dajcie mi odpowiednio długą dźwignię i wystarczająco mocną podporę, a sam poruszę cały glob.

Archimedes

OFERTA WYDAWNICZA
Andrew Moszczynski Group sp. z o.o.

www.ingramcontent.com/pod-product-compliance
Lightning Source LLC
LaVergne TN
LVHW040105080526
838202LV00045B/3791